Käthe Recheis

Die Katzenbande auf heißer Spur

Mit Bildern
von Tina Holland

Club Taschenbuch

OBELISK VERLAG

Redaktion der ClubTaschenbuchreihe:
Inge Auböck

Umschlaggestaltung: Carola Holland

Gesetzt nach den Regeln der neuen deutschen Rechtschreibung

Druck und Bindung: Florjancic Tisk, Maribor, Slowenien

ISBN 978-3-99128-127-6

INHALT

1.

Die Venus von Hautzendorf

Es war eine stürmische Herbstnacht. Kein Stern blinkte am wolkenverhangenen Himmel. Der Sturm heulte über den Dächern der Marktgemeinde Kirchhausen. Fegte durch die Straßen und Gassen und riss das Laub von den Bäumen. In dieser Nacht verschwand die weltberühmte Venus von Hautzendorf aus dem Heimatmuseum. Wird es Florian Morgenstern, dem Meisterdetektiv, gelingen, diesen Fall zu lösen?

So spannend müsste eine Detektivgeschichte anfangen. Zumindest behauptet das Großtante Amelie. Sie liest diese Bücher – Krimis genannt – seit Flori und wir von der Katzenbande den Fall des goldenen Kugelschreibers aufgeklärt haben.

Im wirklichen Leben ist freilich alles anders als in solchen Geschichten. Es war keine stürmische Nacht, es war ein milder Herbsttag. Und dass es eine Venus im Heimatmuseum gab, wussten weder ich noch Flori.

Meine Kätzchen Pip und Sternchen schliefen auf dem Sofa. Ich saß auf dem Fensterbrett in Floris Arbeitszimmer. Draußen im Garten lärmten ein paar Spatzen. Ab und zu löste sich ein Blatt aus dem Geäst der Bäume und schwebte lautlos herab.

Flori saß am Schreibtisch und träumte vor sich hin.

Florian Morgenstern, von seinen Freunden Flori genannt, ist ein Privatdetektiv. Er ist es, weil er das Detektivbüro von seinem Vater geerbt hat. Und nicht nur das Büro, auch Großonkel Theo und

Großtante Amelie und Großtante Annabel. Für sie alle muss er sorgen.

In Kirchhausen ist er einer der beliebtesten Einwohner. Weil er in allen Menschen nur das Gute sieht. Für einen Detektiv ist das freilich nicht besonders hilfreich. Außerdem ist er ein Träumer.

Zum Glück hat er mich, Molly, seine Katze. Und die Katzenbande von Kirchhausen. Das sind wir aber nur dann, wenn wir, alle vereint, Flori helfen einen Fall aufzuklären. Sonst sind wir ehrsame Hauskatzen. Ausgenommen Motzer, der ein Streuner ist.

Die Sonne schien warm auf mein Fell. Im Zimmer und im ganzen Haus war es ungewöhnlich still. Die Großtanten und Großonkel Theo waren in Kirchhausen unterwegs, um die neuesten Neuigkeiten zu erfahren.

Fremde verirren sich selten in unsere Marktgemeinde. Vor ein paar Tagen waren aber gleich zwei Besucher auf einmal gekommen, ein junger Mann und eine junge Frau. Endlich gab es in Kirchhausen wieder etwas, worüber man sich unterhalten und Meinungen austauschen konnte.

Der junge Mann war der Großneffe von Hanna, der pensionierten Köchin vom Gasthof zum Goldenen Hirschen. Ein vorbildlich höflicher junger Mann soll er sein. Ilse, die Baumeistersgattin, hat ihn auf ein Gläschen Wein eingeladen und schwärmt von seinen guten Manieren.

Wir Katzen hielten uns mit unserem Urteil zurück. Für Mama Mau, der dicken Katze der dicken Köchin, war das Leben ungemütlich geworden. Sobald der junge Mann – Ronald Ronager hieß er – die Küche oder das Wohnzimmer betrat, musste sie sich zurückziehen. Weil er an einer Katzenallergie litt. War eine Katze in der Nähe, fing er zu niesen an und Tränen liefen ihm aus den Augen.

Über Angela Schmidt, angeblich eine Studentin, ist nicht viel zu sagen. Sie erwidert jeden Gruß freundlich, redet aber kaum mit jemandem und interessiert sich vor allem für das Heimatmuseum. Dolly, Dotty und Maunzer, die Katzen vom Goldenen Hirschen, wo sie abgestiegen war, hatten nichts gegen sie einzuwenden.

Die Kirchhausner freilich wunderten sich. Warum kam jemand in ihre Marktgemeinde, der mit niemandem verwandt war und auch keine Bekannten hier hatte?

Die warme Herbstsonne machte mich schläfrig.

Ich wollte mich eben behaglich auf dem Fensterbrett ausstrecken, als meine Ohren zu spielen begannen. Sternchen und Pip hoben die Köpfe und maunzten.

Die Haustür wurde geöffnet. Großonkel Theo und die Großtanten waren heimgekommen. Großtante Amelie schob den Rollstuhl, in dem Großonkel Theo saß, in Floris Arbeitszimmer. Auf dem Schoß des Großonkels lag Persephone, die Perserkatze. Sie blinzelte mich an, gähnte und schloss die Augen. Ich blickte über sie hinweg. Persephone war im Haus nicht erwünscht, nur geduldet.

„Flori“, rief Großtante Amelie, „so eine Sensation! Im Heimatmuseum! Du weißt schon, das komische Tonpüppchen vom Hautzendorfer Hügel! Es ist ein – prähistorischer Fund!“

„Es könnte einer sein!“, verbesserte sie Großtante Annabel. „Muss es aber nicht.“

„Diese nette Angela Schmidt ist fast sicher, dass es einer ist. Und sie ist eine Studentin fürs Altertum.“

„Sie studiert Archäologie“, sagte Großtante Annabel.

„Ja, eben! Flori, Taddäus braucht deinen Rat! Er ist ganz durcheinander.“

Ich sprang auf Floris Schreibtisch und mauzte.

Flori kraulte mich. Warum brauchte Taddäus Melzer, der das Heimatmuseum betreut, seinen Rat? Was hatte all das zu bedeuten?

„Flori, Taddäus wartet auf dich!“, ermahnte ihn Großtante Amelie.

Persephone glitt von Großonkel Theos Schoß und setzte sich vors Sofa hin. Das Sofa ist der Ruheplatz von mir und meinen Kätzchen. Sobald wir aber außer Haus sind, lässt sie sich darauf nieder.

Ich fauchte sie an.

Persephone begann sich betont gleichgültig zu lecken.

„Flori“, sagte Großtante Annabel, „wie du Taddäus helfen kannst, weiß ich nicht. Auf jeden Fall kannst du ihn beruhigen.“

Flori stand auf. Ihm schien es nicht anders zu gehen als mir. Er schaute drein wie jemand, der eine wunderliche Neuigkeit gehört hat, die er sich nicht erklären kann. Wenn aber jemand seine Hilfe braucht, ist er immer dazu bereit.

„Also gut“, sagte er, „gehen wir ins Museum.“

„Zur Venus von Hautzendorf!“, sagte Großtante Amelie.

2.

Ist es eine Sensation – oder keine?

Das Heimatmuseum ist in einem der schönen, alten Häuser auf dem Marktplatz untergebracht, gegenüber dem Marktbrunnen und der Bäckerei Huber. In der Mansarde sind das Wohnzimmer, das Schlafzimmer und die Küche von Taddäus Melzer. Im Erdgeschoß und im ersten Stock ist alles zur Schau gestellt, was sich im Lauf der Jahrzehnte auf den Dachböden von Kirchhausen und Umgebung angesammelt hatte und dort verstaubt war. Bis die

Kirchhausner fanden, dass zu einer Marktgemeinde ein Heimatmuseum gehörte.

Die Dachböden wurden ausgeräumt und die vergessenen Schätze wanderten ins Heimatmuseum. Mit Blümchen bemalte Nachttöpfe und anderes Geschirr. Lebkuchenherzen von Kirchtagen aus alter Zeit. Spitzenverzierte und gestickte Bettwäsche. Porzellanhündchen, Kätzchen, Schäfer und Schäferinnen. Bunt bemalte Kästen und Truhen. Auch altes Arbeitszeug wie Sensen, Sicheln und Waschrumpeln.

Außer den jährlichen Besuchen der Schulklassen geht sonst kaum jemand ins Museum. Trotzdem sind die Kirchhausner stolz auf ihr Heimatmuseum.

Wir Katzen treffen uns oft dort, um Goldie, die langhaarige orangefarbene Museumskatze zu besuchen. Außerdem hat Taddäus Melzer immer ein Säckchen mit Hauskeksen aus der Bäckerei Huber für uns bereit.

Taddäus Melzer ist ein hageres Männchen mit schulterlangen grauen Haarsträhnen und großen traurigen Augen. Er ist Witwer, aber vielleicht auch keiner. Niemand weiß, ob seine Frau noch am Leben oder schon gestorben ist. Vor zwanzig Jahren hat sie ihn mit der Babytochter Cornelia verlassen und er hat nie wieder etwas von ihr gehört. Das Tonpüppchen ist das einzige Erinnerungsstück, das Taddäus von seiner Tochter hat. Als Baby habe sie danach gegriffen und dabei glucksend gelacht. Es sei ihr liebstes Spielzeug gewesen.

Das Morgensternhaus steht in einer stillen Seitengasse. Auf dem Weg zum Marktplatz begegneten wir Lilly, der weißen Kirchenkatze, die sich uns anschloss. Als wir zum Heimatmuseum kamen und den Rollstuhl samt Großonkel Theo über die Türschwelle schoben, vernahmen wir ein lautes Niesen.

„Das hat uns noch gefehlt!", sagte Großtante Annabel. „Was will der im Museum?"

„Wahrscheinlich hat er die Studentin begleitet", sagte Großtante Amelie. „So ein netter junger Mann wie er ist."

„Netter junger Mann? Pah! Was wissen wir schon von ihm?"

Wir traten in den ersten Schauraum ein, in dem das Porzellanzeug ausgestellt ist. Taddäus Melzer saß vor einem der Tischchen, den Kopf in den Händen vergraben. Auf dem Tischchen lag das Tonpüppchen.

Ronald, der Großneffe, und Angela, die Studentin, hielten sich im Hintergrund.

Goldie begrüßte uns miauend. Wir Katzen huschten zu ihr. Worauf der Großneffe einen neuerlichen Niesanfall bekam. Seine Augen, aus denen Tränen flossen, waren von der Katzenallergie schon ganz rot.

Taddäus blickte auf. „Flori! Was soll ich tun? Was soll ich nur tun?"

Flori lächelte aufmunternd, setzte sich zu ihm und bat die anderen ebenfalls Platz zu nehmen.

Ich hatte Angela Schmidt, der wir die Aufregung verdankten, nur einmal flüchtig auf der Straße gesehen. Während Ronald höflich die Sessel für die Großtanten zurechtrückte, schaute ich sie mir genauer an. Mit ihrem langen haselnussbraunen Haarschopf sah sie eher wie ein Schulmädchen aus als eine Studentin.

Irgendetwas an ihr kam mir bekannt vor. Als erinnere sie mich an jemanden. Es musste aber eine Einbildung sein. In ganz Kirchhausen gab es niemanden, der ihr ähnlich sah.

„Frau Schmidt", fragte Flori, „Sie glauben also, Connies Püppchen könnte ein prähistorischer Fund sein?"

Sie antwortete nicht sofort. Ihr Blick glitt vom Tonpüppchen zu Taddäus hin. Mit all meinen Katzensinnen spürte ich, dass sie nur ungern antwortete. War es seinetwegen?

„Ja“, sagte sie zögernd. Sie strich eine Haarsträhne aus dem Gesicht. „Waren sie schon einmal im Wiener Naturhistorischen Museum, Herr Morgenstern?“

Flori nickte.

„Dann wissen Sie, dass dort die Venus von Willendorf aufbewahrt wird?“

„Natürlich weiß er das“, erklärte Großtante Annabel spitz, „wie jeder gebildete Mensch.“

„Hat die Venus nicht eine gewisse Ähnlichkeit mit dieser Tonfigur?“

Wir alle, Menschen und Katzen, starrten das Püppchen an.

3.

Connies Püppchen

Das Püppchen war rundum kugelrund. Vom Kopf angefangen bis zu den kurzen stumpfen Ärmchen und Beinchen. Nicht einmal die pensionierte Köchin, Ronalds Großtante, konnte sich damit messen. Und Mama Mau, die dickste Katze in Kirchhausen, war im Vergleich dazu katzenschlank.

„Die Venus von Hautzendorf!“, sagte Großtante Amelie ehrfürchtig. „So wird Connies Püppchen heißen, Taddäus. Weil dein Großvater es auf dem Hautzendorfer Hügel gefunden hat. In einer Erdnische.“

„Prähistorische Schätze werden oft in Erdhügeln entdeckt“, erklärte Angela. „Vielleicht ist es aber bloß eine geschickte Nachbildung, Herr Melzer. Nur Fachleute können das entscheiden. Ich nicht.“

Taddäus sah so verstört aus, dass Großtante Amelie ihm mitfühlend die Hand auf den Arm legte. Er beachtete sie nicht.

„Und dann ... dann nimmt man mir das Püppchen weg“, jammerte er vor sich hin. „Und ich hab nichts mehr ... nichts mehr ...“ Er vergrub den Kopf wieder in den Armen und flüsterte: „Connie! Connie!“

Im nächsten Augenblick zuckte er zusammen und fuhr hoch.

„Es ist nur Josefine“, beruhigte ihn Großonkel Theo. „Sie will dir sagen, dass du nicht traurig sein sollst. Alles wird gut werden.“

„Josefine?“, fragte Angela und schaute verwundert um sich, als sei da noch jemand im Schauraum, den sie bisher nicht wahrgenommen hatte.

„Josefine ist meine Fliegende Maus", teilte ihr Großonkel Theo mit. „Sie findet Sie sehr sympathisch, liebes Fräulein."

Angela Schmidt wurde rot im Gesicht. Was ihr gut stand.

Ronald, der Großneffe, fing zu kichern an. Als Großtante Annabel ihn strafend ansah, hielt er die Hand vor den Mund und tat so, als sei es nur ein Niesanfall gewesen.

Alle in Kirchhausen wissen von Großonkel Theos Fliegender Maus. Man erlaubt es ihm als wunderliche Eigenart und nimmt keine Notiz davon. Außer ihm hat sie noch keiner gesehen, was auch nicht möglich ist. Wir Katzen und die Menschen wissen, dass es keine fliegenden Mäuse gibt, ob sie nun Josefine oder wie immer heißen. Wer aber brächte es übers Herz, das Großonkel Theo zu sagen?

„Taddäus", sagte Großtante Annabel und ihre Stimme klang nicht so forsch wie sonst, „manchmal muss man etwas tun, auch wenn es einem schwerfällt."

„Im Interesse der Wissenschaft. Und der Forschung", murmelte Angela, die Studentin.

„Vielleicht ist es gar kein echter Fund," sagte Flori tröstend. „Und wenn es doch einer ist? Besucher aus aller Welt werden staunend vor Connies Püppchen stehen, das Menschen geschaffen haben, die vor mehr als zwanzigtausend Jahren lebten. Daran musst du denken, Taddäus!“

Goldie war auf den Tisch gesprungen. Taddäus drückte sie an sich.

„Ich weiß“, sagte er, „ihr meint es gut mit mir. Aber bitte, geht jetzt! Ich möchte allein sein. Mit … mit Connies Püppchen.“

Wir verließen stumm den Schauraum und gingen auf den Marktplatz hinaus. Nur Lilly und Goldie blieben bei Taddäus.

Eine Weile standen wir alle da, ohne ein Wort zu sagen. Der Brunnen plätscherte. Aus einem offenen Fenster hörten wir leise Musik.

Großtante Amelie seufzte. „Der Arme! Fast wünscht man sich, es sollte so bleiben, wie es ist. Freilich, es wär wunderschön! So was Wertvolles! Und hier bei uns entdeckt.“

Angela hatte die Hände in den Jackentaschen vergraben und starrte ihre Schuhspitzen an.

In der frischen Luft hatte sich Ronald von seiner Katzenallergie erholt. Die Augen waren kaum noch rot und er nieste auch nicht mehr.

„Wertvoll!“, sagte er. „Ja, das ist es! Damit könnte man reich werden. Jedes Museum wird so einen Fund haben wollen. Fräulein Schmidt, was schätzen Sie? Wie viel Geld springt da heraus?“

„Geld! Geld!“, fuhr sie ihn an. „Mit Geld hat es nichts zu tun. Weil dieser Fund, wenn es einer ist, einen höheren Wert hat. Einen, der uns mehr Einsicht gibt. Mehr Wissen über die Menschen, die damals lebten. Und die unsere Vorfahren sind!“

Sie wandte sich jäh ab, ließ uns stehen und stapfte zum Goldenen Hirschen, die Hände noch immer in den Jackentaschen vergraben.

„Ist die aber empfindlich!“ Ronald schüttelte den Kopf. „War doch nur eine harmlose Frage. Jetzt entschuldigt mich! Ich muss zu meiner Großtante, darf sie nicht zu lange allein lassen. Als Großneffe hat man schließlich seine Verpflichtungen.“

Er nickte zum Abschied und schlenderte fort.

„Was ich jetzt brauche, und zwar dringend“, erklärte Großtante Annabel, „ist eine Tasse Kaffee. Kommst du mit, Flori?“

„Ich geh noch in die Huber-Bäckerei“, antwortete er. „Ich komm aber bald nach.“

Die Großtanten und Großonkel Theo wanderten

heimzu. Angela war im Goldenen Hirschen verschwunden, Ronald in einer der Seitengassen.

Flori stand in Gedanken versunken vor dem Marktbrunnen. Sonnenfunken tanzten auf dem Wasser, das aus einem steinernen Krug floss, den die Brunnenfigur in den Händen hält. Ein seltsames Geschöpf ist es, oben eine Frau und unten ein Fisch.

War es das Wassergeglitzer, das Flori vor sich hinträumen ließ? Oder ging es ihm wie mir?

Unter meinem Fell kribbelte es mich. Als hätte ich eine Vorahnung, dass etwas geschehen würde, das Flori, mich und die Katzenbande betraf.

Flori war aus seiner Träumerei aufgewacht. „Gehen wir in die Bäckerei", sagte er zu mir und Sternchen und Pip. „Rosi und Bobby sind bestimmt schon von der Schule daheim."

4.

Ein kurzes Kapitel – aber mit wichtigen Informationen

In einer Detektivgeschichte, sagt Großtante Amelie, darf man die Handlung nie mit langen Erklärungen aufhalten. Immerzu muss etwas Aufregendes geschehen. Am besten ein Mord oder gleich mehrere Morde hintereinander.

Mit einem Mord hat ein Privatdetektiv wie Flori nichts zu tun. Dafür ist die Polizei zuständig. Ein

Mord ist auch in unserer Marktgemeinde noch nie vorgekommen.

Zum Detektivbüro Morgenstern geht man, wenn einem das Hündchen entlaufen ist. Oder wenn man etwas vermisst, das man wieder haben möchte. Wie es zum Beispiel der verschwundene goldene Kugelschreiber gewesen war.*

Weil viele aus Kirchhausen davon betroffen waren und in dieser Geschichte wieder vorkommen, will ich sie jetzt kurz vorstellen. Damit nicht später, wenn es spannend wird, langwierige Erklärungen notwendig sind.

Der goldene Kugelschreiber war das Abschiedsgeschenk, das Erna Grill, die Direktorin der Volksschule, bei ihrer Pensionierung erhalten hatte. Der Kugelschreiber verschwand auf verdächtige Weise. Flori löste den Fall zusammen mit uns von der Katzenbande. Auch Rosi und Bobby halfen mit. Rosi ist die Tochter aus der Bäckerei Huber. Bobbys Eltern besitzen die Tischlerei Altmann.

In der Tischlerei arbeitet Ivo mit dem unaussprechlichen Namen Zbigniecsek. Wir Katzen lieben Ivo. Aber nicht nur wir. Selbst die bissigsten Hunde begrüßen ihn schweifwedelnd.

* *Buchausgabe: Käthe Recheis, Ein Fall für die Katzenbande, Obelisk Verlag, Innsbruck-Wien 2010*

In der Geschichte vom Kugelschreiber war Ivo eine der Hauptpersonen. In dieser neuen Geschichte nicht. Trotzdem muss ich ihn vorstellen. Er ist nämlich der Vater von Max Stingl geworden, als er Ida Stingl, die Mutter vom Max, geheiratet hat. Es ist Flori, dem diese drei ihr Glück verdanken.

Max war ein vaterloses, verwahrlostes Kind gewesen und damals in ganz Kirchhausen ungemein unbeliebt. Besonders bei uns Katzen. Er warf mit Steinen auf alles, was vier Beine oder Flügel hat. Die Kinder riefen „Stinker Max" hinter ihm her. Dafür boxte er sie oder zog sie an den Haaren.

All das hat sich geändert. Max wirft nicht mehr mit Steinen und zieht niemanden mehr an den Haaren. Bei so einem Vater wie Ivo, behauptet Flori, ist diese Verwandlung kein Wunder. Wir Katzen verhalten uns abwartend. So ganz trauen wir Max noch immer nicht.

Rosi hat einen Hund, der Schnoferl heißt. Er ist der einzige Hund in Kirchhausen, dem wir Katzen erlauben, bei der Aufklärung von Floris Fällen mitzutun, weil er eine feine Spürnase hat. So manchen Hinweis hat er uns schon erschnüffelt.

Schnoferl hat Schlappohren und ein lockiges semmelblondes Fell. Er betet Mimi an, die Bäckerkatze. Mimi ist zwar schon erwachsen, aber noch immer arglos wie ein Katzenkind. Sie hat ein lichtgraues Fell und blaue Augen, was für eine Katze ungewöhnlich ist.

Ferner ist Persephone zu erwähnen, die Perserkatze mit preisgekröntem Stammbaum. Ihr Heim war das vornehmste Haus auf dem Marktplatz gewesen. Ich gestehe es nur ungern, aber sie war es, die Flori den letzten Hinweis gab, den er brauchte, um den Fall des verschwundenen Kugelschreibers zu lösen. Das war auch der Grund, warum sie ihr Heim verlor.

In einer stürmischen Gewitternacht hat sie dann Zuflucht in unserem Haus gesucht. Und ist geblieben! Sehr zu meinem Missfallen. Weil Persephone von vornehmer Abkunft ist, glaubt sie, etwas Besseres zu sein als wir gewöhnlichen Hauskatzen.

Der Mittelpunkt von Kirchhausen ist der Marktplatz. An einem Ende steht die Kirche, am anderen Ende die Volksschule. Schräg gegenüber der Schule ist der Gasthof zum Goldenen Hirschen, wo Ida, die Mutter vom Max, Kellnerin ist.

Auf dem Marktplatz gibt es das Rathaus, das Postamt, die Apotheke und eine Arztpraxis. Fast in jedem zweiten Haus ist ein Geschäft. Die Bäckerei

Huber ist der kleinste Laden in Kirchhausen. Außer frischem Brot und Semmeln kann man auch Milch, Käse, Kaffee, Erdäpfel und dergleichen kaufen.

Kirchhausen hat, wie es sich gehört, auch einen Supermarkt. Er steht am Rand der Marktgemeinde, wo Platz für parkende Autos ist. Trotzdem gehen viele Kirchhausner in die Bäckerei Huber. Um Neuigkeiten auszutauschen und zu plaudern.

Als Flori die Ladentür öffnete und eintrat, kribbelte es mich noch immer unterm Fell. Warum wollte Flori mit Rosi und Bobby reden? Gerade jetzt, nachdem wir erfahren hatten, dass Connies Püppchen ein wertvoller Fund sein könnte?

5.

Hat Flori eine Vorahnung?

Frau Huber stand hinter dem Ladentisch und strahlte übers ganze rundliche Gesicht, als sie uns erblickte. Sie freut sich über jeden Kunden, der zu ihr kommt, aber ganz besonders über Flori.

„Nusskipferl für mich, Großtante Amelie und Großonkel Theo“, sagte Flori. „Ein Mohnkipferl für Großtante Annabel und ein Säckchen Hauskekse für Molly, Sternchen und Pip.“

Frau Huber suchte die größten Nusskipferl aus und das größte Mohnkipferl. Bevor sie ein Säckchen mit Hauskeksen füllte, gab sie uns Katzen ein zerbrochenes Keks als Kostprobe. Das tut sie immer.

Wir bedankten uns mit einem höflichen Schnurren.

Nachdem Flori bezahlt hatte, klingelte die Ladentür. Frau Huber zwinkerte uns zu. „Rosi ist im Garten“, flüsterte sie.

Wir konnten gerade noch rechtzeitig flüchten, bevor Ilse, die Baumeistersgattin, den Laden betrat. Von ihrem Wohnzimmerfenster aus kann sie den ganzen Marktpratz überblicken und bestimmt hatte sie gesehen, dass Flori im Heimatmuseum gewesen war. Zum Glück waren wir ihr entwischt, bevor sie uns ausfragen konnte.

Vom Laden kommt man durch den Hausflur in den Garten. Rosi und ihr Freund Bobby – der eigentlich Robert heißt – saßen in der weinstockumrankten Laube. Damit hatten wir gerechnet, aber nicht, dass auch Max bei ihnen war. Aufgeschlagene Hefte und Schulbücher lagen herum.

Schnoferl wuffte und begrüßte uns schweifwedelnd. Mimi tatzelte erfreut. Sternchen und Pip tatzelten zurück.

„Gut, dass du kommst, Flori!“, rief Bobby.

„Wir haben schon auf dich gewartet“, sagte Rosi.

Max schnitt ein Gesicht, wie immer, wenn er nicht weiß, wie er sich benehmen soll. Offensichtlich hatten Rosi und Bobby ihm bei den Schulaufgaben geholfen.

Als Flori und wir Katzen den Fall des verschwundenen Kugelschreibers lösten, waren alle drei in die vierte Klasse der Volksschule gegangen. Seit dem neuen Schuljahr besuchen Rosi und Bobby und Max miteinander die Neue Mittelschule in Kirchhausen. Bobbys Eltern wollen, dass auch Max einmal die Oberstufe des Gymnasiums besucht. Um Ivos willen, den sie sehr schätzen.

Das musste auch der Grund sein, warum Rosi und Bobby jetzt mit Max lernten.

„Flori“, fragte Rosi, „bist du im Museum gewesen? Bei Taddäus?“

Flori nickte. „Ja, Rosi, eben jetzt!“

Bobby beugte sich erwartungsvoll vor. „Ist es ein prähistorischer Schatz? Connies Püppchen?“

„Ich weiß es nicht, das können nur Fachleute bestimmen.“

„Ich wünsche mir“, sagte Rosi, „ich wünsch mir ganz fest, dass es kein Fund ist!“

„Warum?“, wollte Bobby wissen.

„Weil sie im Wiener Museum schon eine Venus haben! Wozu brauchen sie eine zweite? Und Taddäus hat sonst nichts von seiner Tochter. Nichts! Rein gar nichts!“

Ich dachte an Taddäus, wie er trostlos dagesessen war und nicht einmal Goldie ihn aufmuntern konnte. Ich leckte Rosis Hand. Sie hat ein warmes Herz.

„Mir tut er auch leid“, sagte Bobby. „Aber spannend find ich's doch.“

„Noch ist nichts entschieden“, sage Flori tröstend zu Rosi. „Großvater Melzer hatte geschickte Hände. Vielleicht hat er das Püppchen selbst gemacht? Und bloß behauptet, er hätte es gefunden.“

Rosi seufzte und gab keine Antwort.

Flori kraulte mich zwischen den Ohren. Mimi hatte sich auf dem Schoß von Max zusammengerollt und schnurrte. Arglos wie sie war, vertraute sie Max, als hätte er nie mit Steinen auf Katzen geworfen. Max tupfte mit dem Finger auf ihr seidenweiches graues Fell. Schnoferl wedelte ihn an.

Rosi blickte auf. „Flori“, rief sie, „wenn das Püppchen ins Wiener Museum kommt, dann musst du Connie suchen, die Tochter! Wegen Taddäus!“

Bobby schüttelte den Kopf. „Wo soll er sie suchen? Sie kann überall sein. In Wien oder sonstwo. Irgendwo in Europa. Vielleicht sogar in Amerika.“

„Wen Flori sucht, den findet er auch", erklärte Rosi.

Flori blickte versonnen vor sich hin. Mich kribbelte es wieder unterm Fell.

Wenn Flori so versonnen vor sich hinblickt, hat er Vorahnungen. Meist sind sie der erste Schritt zur Lösung eines Falles, nur – was für Vorahnungen waren es diesmal?

„Flori", bat Rosi, „versprich mir, dass du Connie suchst!"

„Ja", antwortete er, „ich versprech es dir."

Rosi drückte ihm wortlos die Hand.

Bobby grinste. „Dann lösen wir einen neuen Fall. Den Fall der verschwundenen Tochter. Und Rosi und ich helfen dir, Flori."

„Ich auch!", quietschte Max.

Mimi mauzte fragend und begriff wie immer nicht, was all das zu bedeuten hatte. Sternchen und Pip trippelten aufgeregt.

Flori stand auf. „Wie es auch sei, jetzt ist es an der Zeit, dass ich mit Molly und den Kätzchen heimgehe. Die Großtanten und der Großonkel warten auf uns."

Als wir den Garten verließen und auf den Marktplatz hinausgingen, miaute ich: „Sternchen! Pip! Heute Nacht, wenn der Mond aufgeht! Treffpunkt Stadtpark!“

Auf meine Kätzchen ist Verlass. Sie rannten sofort los, um die Katzen von Kirchhausen zu verständigen. Wenn Flori eine Vorahnung hatte, mussten wir bereit sein. Schnoferl, der uns begleitet hatte, jaulte freudig.

In der Seitengasse, in der das Morgensternhaus steht, begegneten wir Moritz und Flop.

Moritz, der Nachbarskater, ein behäbiger Graugetigerter, ist ein guter Freund von mir. Flop ist ein junger Kater, dessen Heim die Neue Mittelschule ist, die am Rand von Kirchhausen steht.

Flop hat ein weißes Fell mit ein paar schwarzen Flecken. Er hält sich für ein wichtiges Mitglied der Katzenbande. Das ist er nicht, aber ich lasse ihn in dem Glauben. Er ist jung, da muss man Nachsicht haben.

„Heute Nacht! Treffpunkt Stadtpark!“, miaute ich den beiden zu.

Flop machte einen Freudensprung und flitzte los. Moritz machte sich auch auf den Weg, bedächtig, wie es sich für einen alten, erfahrenen Kater gehört.

6.

Ein schrecklicher Gedanke

Die Großtanten und der Großonkel hatten mit dem Kaffee auf uns gewartet. Während sie und Flori die Kipferl aßen und dabei Kaffee tranken, schlabberten wir Katzen süße Katzenmilch.

Natürlich drehte sich das Gespräch um nichts anderes als um Connies Püppchen. War es wirklich ein prähistorischer Fund?

Großtante Amelie wusste nicht, wie sie sich entscheiden sollte. Zwanzigtausend Jahre alte Schätze wurden nicht jeden Tag entdeckt. Für ganz Kirchhausen wäre es ein großartiges Ereignis. Für Taddäus aber würde es den Verlust des einzigen Andenkens an seine Tochter sein.

Großtante Annabel erklärte, es sei müßig, darüber lange zu reden. Einstweilen sei es nur eine Vermutung einer Studentin, die niemand in Kirchhausen kannte.

Großonkel Theo saß still lächelnd in seinem Rollstuhl und tätschelte ein unsichtbares Etwas auf seiner Schulter, als säße dort – eine Fliegende Maus.

Sternchen starrte wie gebannt auf ihn.

Mein Kätzchen ist überzeugt, eines Tages einen Blick von Josefine zu erhaschen. Ich streckte mich behaglich aus, machte es Sternchen nach und betrachtete den Großonkel. Einen Herzschlag lang war mir, als sähe ich auf seiner Schulter ein Flirren wie von durchsichtigen Flügeln.

Sternchen mauzte.

Ich blinzelte. Das Licht der Lampe musste mich getäuscht haben. Mäuse sind weder unsichtbar noch können sie fliegen.

Als es Zeit zum Schlafengehen war, zogen sich die Großtanten und Großonkel Theo in ihre Zimmer zurück. Persephone lief ihnen nach. Sie verbringt die Nächte im Schlafzimmer von Großtante Amelie.

Das Fenster stand offen. Wie so oft an sonnigen Herbsttagen waren die Abende noch angenehm warm. Die Dämmerung hatte freilich schon früh eingesetzt.

Flori war am Schreibtisch sitzen geblieben und schien in Gedanken weit weg zu sein. Ich glitt vom Sofa, sprang auf den Schreibtisch und tatzelte. Es gab so viel, das ich nicht verstand und worüber ich beim nächtlichen Treffen im Stadtpark Bescheid wissen musste.

Wir Katzen können uns nicht mit menschlichen Worten verständlich machen. Flori besitzt zum Glück die seltene Fähigkeit immer zu verstehen, was ich ihm sagen will. Auch Rosi kann Botschaften von uns Katzen empfangen. Großtante Annabel zum Beispiel aber nicht.

„Flori", miaute ich, „was ist mit Connies Püppchen los? Warum soll es auf einmal so wertvoll sein?"

Flori lächelte mich an. „Molly", sagte er, „vor langer, langer Zeit lebten Menschen hier, aber was sie dachten und fühlten und was damals geschah, das wissen wir nicht."

„Warum?", miaute ich.

„Weil unsere Vorfahren nichts aufgeschrieben haben. Weil sie noch keine Schrift hatten. Und weil es so lange her ist, mehr als zwanzigtausend Jahre, finden wir nur dann und wann etwas, das uns von ihrem Leben erzählt."

Ich fing an mich zu lecken und zu putzen, wie es Katzen tun, wenn sie unsicher und verwirrt sind. Zwanzigtausend Jahre konnte ich mir nicht vorstellen.

„Molly“, sagte Flori, „denk daran, wie viele Katzenleben es seit damals gibt! Wie viele Ur-Ur-Ur-Ur-Ur – und so weiter – Urahnen ihr habt.“

Das half mir wenig. Für uns Katzen ist die Zeit etwas anderes als für die Menschen. Was gestern war, ist vergangen, und was morgen geschieht, wissen wir nicht. Wichtig ist das Heute.

Für Menschen aber ist die Zeit, die vergangen ist, wichtig, und noch viel wichtiger scheint zu sein, was die Zukunft bringt. Darüber vergessen sie oft, sich am heutigen Tag des Lebens zu erfreuen. Es ist eine der vielen für uns Katzen rätselhaften Eigenschaften der Menschen. Ich gab es auf, über unsere unzähligen Urahnen nachzudenken.

„Flori“, mauzte ich, „was ist eine Venus?“

„Eine Göttin, Molly.“

„Eine Göttin?“

„Ja! Eine sehr schöne noch dazu.“

„Eine schöne?“, quietschte ich, als hätte mich jemand auf den Schwanz getreten.

Dieses kugelrunde Geschöpf mit dem kugelrunden Kopf und den kurzen stumpfen Ärmchen und Beinen, das sollte eine Schönheit sein?

„Hast ja recht, Molly“, gab Flori zu. „Trotzdem! Irgendwie ist es ein passender Name. Weil das Püppchen unseren Vorfahren viel bedeutet haben muss. Falls es ein prähistorischer Fund ist.“

Er stand auf und strich mir übers Fell. „Zeit zum Schlafen, Molly!“

Ich legte als Gute-Nacht-Wunsch die Vorderpfoten auf seine Schulter und rieb den Kopf an seinen Wangen.

Als sich die Tür hinter ihm geschlossen hatte, glitt ich vom Schreibtisch und sprang aufs Fensterbrett.

Sternchen und Pip schliefen aneinander gekuschelt auf dem Sofa. Draußen im Garten sang eine Amsel ihr verspätetes Abendlied.

„Zwanzigtausend Jahre!“, dachte ich. „Und so viele Katzen Ur-Ur-Ur-Ur- und so weiter – Urahnen!“

Ein schrecklicher Gedanke kam mir.

Sahen wir Katzen damals auch so aus wie Connies Püppchen? Ich stellte mir eine Katze mit kugelrundem Körper vor, kugelrundem Kopf und kurzen stumpfen Beinen. Das konnte ich nicht glauben!

Ich fauchte so zornig, dass die Amsel im Garten erschrocken verstummte.

Die Menschen mögen so ausgesehen haben. Wir Katzen – niemals! Sind unsere Körper nicht viel geschmeidiger als ihre? Können sie etwa mühelos aus dem Stand hochspringen – wie wir? Bewegen sie sich anmutig – wie wir? Nein! Im Vergleich zu uns sind die Menschen auch heute noch plump und unbeholfen.

Ich streckte mich erleichtert auf dem Fensterbrett aus und legte den Kopf auf die Vorderpfoten. Am Himmel war das letzte Tageslicht erloschen, ein einsamer Stern blinkte.

Ich lag da, reglos, wie nur Katzen es vermögen. Menschen, wenn sie auf etwas warten, werden oft ungeduldig. Wir Katzen nicht.

Als ein schwacher Schein über den Dächern von Kirchhausen den aufgehenden Mond ankündigte, miaute ich auffordernd. Sternchen und Pip waren sofort hellwach. Wir verließen das Haus durchs offene Fenster und schlüpften unter dem Zaun durch.

Auf der Straße erwartete uns Moritz, der Nachbarkater.

7.

Nächtliches Treffen der Katzenbande im Stadtpark

Wir liefen auf lautlosen Pfoten durch die stille Seitengasse zum Marktplatz. In fast allen Häusern waren Fenster erleuchtet, nur nicht im Heimatmuseum.

Goldie und Lilly lösten sich aus dem tiefen Schatten an der Hausmauer.

„Den ganzen Tag hat er nichts gegessen, Molly“, klagte Goldie. „Ist immer nur dagesessen mit dem Püppchen in der Hand. Und jetzt sitzt er im Finstern auf dem Bett, starrt vor sich hin und sagt kein Wort.“

Wir schauten hinauf zu dem dunklen Fenster oben in der Mansarde. Mein Katzenherz war voll Mitgefühl.

Am anderen Ende des Marktplatzes tauchten ein paar Fußgänger auf. Wir liefen weiter. Die Menschen brauchten nicht zu wissen, dass ihre braven Hauskatzen zur Katzenbande geworden waren, unterwegs zum nächtlichen Treffpunkt.

Beim Gasthof zum Goldenen Hirschen gesellten sich Dolly, Dotty und Maunzer zu uns. Durch die offenen Fenster hörten wir Gläsergeklirr und Stimmen.

„Die reden und reden und nur von Connies Püppchen", zischelte Dolly.

„Als ob's sonst nichts mehr auf der Welt gäbe!", maunzte Maunzer verächtlich. „So sind sie, die Menschen! Brauchen immer was, worüber sie sich aufregen können."

In den Bäumen des Gastgartens gurrte eine Taube. Von überall her huschten Kirchhausner Katzen. Wir kürzten den Weg durch Hinterhöfe und Gärten ab.

Als wir zum Stadtpark kamen, hatte sich der Mond über den Wipfeln der Bäume erhoben, eine mild leuchtende Scheibe am nächtlichen Himmel.

Wie immer versammelten wir uns auf der Spielwiese. Mein Platz war eine Bank, von der aus ich die ganze Wiese überblicken konnte. Sternchen und Pip setzten sich neben mich.

Vorne in der ersten Reihe saß Tom, der alte erfahrene Kater aus der Tischlerei Altmann. Sonst saß neben ihm Ariadne, die Katze der pensionierten Volksschuldirektorin. Diesmal war Ariadne nicht da. Erna Grill war mit ihr zu Verwandten nach Tirol gefahren.

Ich vermisste Ariadne. Wenn die Katzenbande aus irgendeinem Grund zum Streiten anfing, waren sie und Tom es immer gewesen, die für Frieden sorgten. Ich war aber beruhigt, als ich sah, dass Moritz sich neben Tom setzte. Auch auf Moritz ist Verlass.

Mein Blick glitt über die versammelte Schar. Fast alle waren schon da. Mama Mau saß zwischen Blanka, der weißen Katze der Volksschullehrerin, und Mila, der dreifarbigen Katze aus der Konditorei. Rocky, der Kater aus dem Modesalon, und Minka, die Katze aus dem Friseursalon, ein getigertes Geschwisterpaar, hatten sich nebeneinander im Gras ausgestreckt.

Schnoferl begrüßte mich mit einem kurzen Jaulen. Mimi schnurrte.

Flop kam angesaust und drängelte sich nach vorne, wurde angefaucht oder bekam einen Pfotenhieb. Was ihn nicht störte.

Nur Motzer fehlte. Er kam und ging wie es ihm gefiel. Vielleicht war er schon da, versteckt im Dunkel unter den Bäumen. Vielleicht auch nicht.

Motzer ist kein Streuner aus Not. In Kirchhausen gibt es genug mitleidige Menschen, die ihn aufgenommen hätten. Er frisst das Futter, das sie ihm hinstellen, lehnt aber jede Vertraulichkeit ab und bewahrt seine Selbstständigkeit.

Etwas abseits von der Spielwiese ist ein kleiner Teich.

Aus den Augenwinkeln sah ich Persephone auf dem steinernen Rand sitzen. Ich wunderte mich. Persephone ist viel zu vornehm, um sich der Katzenbande anzuschließen. Sie war auch nicht eingeladen. Ich beschloss, sie nicht zu beachten.

„Molly“, fragte Tom bedächtig, „warum kommen wir heute Nacht zusammen? Hat Flori einen neuen Fall?“

Ein vielstimmiges Miauen setzte ein. Einen Fall für Flori zu lösen, ist eine angenehme Unterbrechung des Katzenalltags.

„Hat es mit Connies Püppchen zu tun?“, miaute Mila.

Ich hob die Pfote. „Ja! Aber noch ist es kein Fall für Flori. Obwohl es einer werden könnte.“

„Es geht nicht nur um Flori!“, rief Goldie. „Es geht um Taddäus!“

„Vor allem um ihn!“, rief Lilly.

Pip tatzelte aufgeregt. „Flori wird ihn beschützen!“, fiepte er.

„Und wir helfen dabei!", quietschte Flop und kniff Rocky ins Ohr. Worauf dieser kreischend über ihn herfiel. Vielleicht wäre es eine allgemeine Rauferei geworden, hätten nicht Tom und Moritz den aufgebrachten Rocky beruhigt.

Ich stellte mir vor, wie Flori und wir Katzen die gelehrten Herren verjagten, die gekommen waren, um Connies Püppchen zu entführen. Ein verlockender Gedanke, aber fern jeder Wirklichkeit.

„Noch wissen wir nicht, ob das Püppchen ein wertvoller Fund ist", erklärte ich.

„Aber wenn es einer ist?", fauchte Goldie. „Was ist dann mit Taddäus?"

„Dann sucht Flori seine Tochter! Er hat es Rosi versprochen. Und wenn die wirkliche Connie gefunden ist, braucht Taddäus das Püppchen nicht mehr. Einverstanden, Goldie?"

„Einverstanden, Molly!"

Ein zustimmendes freudiges Miauen verkündete, dass die gesamte Katzenbande diesen Vorschlag für gut befand.

„Alles ist aber noch so ungewiss, Molly", miaute Tom. „Sollten wir nicht abwarten, was weiter geschieht?"

„Nein! Nach Kirchhausen sind zwei fremde Menschen gekommen. Was ist mit ihnen? Angeblich ist diese Angela Schmidt eine Studentin. Ist sie das? Warum ist sie hier? Hat weder Freunde noch Verwandte in Kirchhausen und interessiert sich nur für's Museum. Warum? Hat sie schon vorher gewusst, was sie entdecken wird?"

Tom strich sich mit der Pfote über die Schnurrhaare. „Stimmt, Molly! Wenn man's recht bedenkt, könnte es verdächtig sein."

„Die ist aber in Ordnung", miaute Dolly.

„Ja, das ist sie!", miaute Dotty. „Sie mag uns Katzen und ist eine gute Streichlerin."

„Na und?", grummelte Maunzer. „Vielleicht tut sie nur so? Euch zwei kann man ja alles vormachen."

Dotty und Dolly fauchten ihn an. Maunzer grinste auf Katzenart.

„Dann beweist, wer von euch recht hat!", befahl ich. „Wer könnte Angela besser beschatten als ihr? Es gibt aber noch einen, von dem wir mehr wissen sollten. Ronald, der Großneffe! Mama Mau, ihn zu beobachten ist deine Aufgabe."

Mama Mau ist eine Katze, die viel zu bequem ist, um sich aus der Ruhe bringen zu lassen. Zum allgemeinen Erstaunen sträubte sie jetzt das Fell, machte einen Buckel und fuhr die Krallen aus. Ihr Schwanz peitschte hin und her.

„Großneffe!“, zischte sie. „Ein feiner Großneffe ist das! Meine arme Hanna! Wenn sie schläft oder einkaufen geht, was macht er dann? Durchsucht die ganze Wohnung, schaut in alle Kästen und Schubladen. Tut das ein anständiger Mensch?“

„Nein!“, miaute es im Chor.

„Katzenallergisch ist er auch!“, fauchte Rocky. „Dafür kann er angeblich nichts. Oder doch?“

Mama Mau ließ den Kopf auf die Pfoten sinken. „So gemütlich war's!“, jammerte sie. „Meine Hanna und ich auf dem Sofa! Aber jetzt? Kaum ist er da, muss ich verschwinden.“

Von der versammelten Schar kam ein mitfühlendes Gemaunze. Nichts schätzen wir Katzen so sehr wie ein ungestörtes Schläfchen auf einem unserer Lieblingsplätze.

„In der Wohnung herumstöbern ist verdächtig“, stellte Tom fest.

„Im Museum treibt er sich auch immer herum“, grollte Goldie. „Ich trau beiden nicht. Weder ihm noch der Studentin.“

„Deshalb müssen wir wachsam sein“, verkündete

ich. „Wir alle! Auch wenn es noch kein Fall für Flori ist."

Ein zustimmendes Miauen antwortete mir.

Bevor unser nächtliches Treffen sich auflöste, berichtete ich, was ich von Flori über die Göttin Venus und unsere unzähligen Urahnen erfahren hatte. Die Vorstellung, wir hätten so ausgesehen wie Connies Püppchen, löste zuerst Empörung, dann allgemeine Heiterkeit aus. Menschen mögen so plump gewesen sein – wir Katzen niemals!

Der Mond hatte den höchsten Punkt am Himmel erreicht. Unter den Bäumen am Rand der Wiese nahm ich eine Bewegung wahr. Motzer war gekommen. Vielleicht war er schon die ganze Zeit hier gewesen. Im ungewissen Mondlicht schien sein Fell noch schwärzer zu sein als sonst.

Lilly huschte zu ihm. Keine der Katzen wunderte sich darüber. Lilly ist schneeweiß von den Ohrenspitzen bis zu den Pfoten, aber alle ihre Kätzchen sind schwarz oder schwarzweiß gefleckt.

Eine Katze nach der anderen verließ die Wiese. Ein paar der jüngeren Katzen fingen an sich zu balgen. Persephone war schon seit einiger Zeit verschwunden.

Flop versprach am nächsten Tag in ganz Kirchhausen herumzuflitzen und mir jede Neuigkeit mitzuteilen. Das ist stets seine Aufgabe. Dann sauste er los, den Schwanz hoch aufgereckt.

Für meine Kätzchen war es Zeit zum Schlafen. Wir tappten auf leisen Pfoten heimzu. Moritz und Goldie, Schnoferl und Mimi begleiteten uns.

Als wir den Marktplatz erreichten, hielten wir alle gleichzeitig an. Wie immer um diese nächtliche Zeit war aus Kirchhausen niemand mehr unterwegs. Selbst im Gasthof zum Goldenen Hirschen war es still geworden.

Der Marktplatz war aber nicht menschenleer. Angela, die Studentin, saß auf dem Brunnenrand. Den Kopf in die Hände gestützt, blickte sie unverwandt auf das Heimatmuseum, in dem kein Fenster erleuchtet war.

Am anderen Ende des Marktplatzes, vor der Kirche, war eine dunkle Gestalt auszunehmen. Ronald, der Großneffe, lehnte lässig, die Hände in den Hosentaschen, an der Friedhofsmauer.

„Schnoferl“, miezte ich leise, „sei so lieb und pass auf die Studentin auf. Wir müssen wissen, warum sie hier ist und was sie tut.“

„Wird gemacht!“, wuffte Schnoferl ebenso leise.

„Und ich nehm mir den Großneffen vor!“, mauzte Moritz fast unhörbar.

„Molly“, wisperte Goldie, „ich muss zu Taddäus! Damit er nicht so allein ist!“ Sie seufzte auf Katzenart und huschte durchs Katzenloch neben der Tür ins Museum hinein.

Ich schlenderte mit den Kätzchen am Brunnen und an der Studentin vorbei, als sei es ein ganz gewöhnlicher nächtlicher Katzenausflug.

Schnoferl hatte auf der Türschwelle der Bäckerei Platz genommen. Mimi legte sich zwischen seine Pfoten.

Moritz war auf die Friedhofsmauer gesprungen. Der Großneffe beachtete ihn nicht.

Menschen, das wissen wir, lassen sich, was immer sie tun, von der Gegenwart einer Katze nicht stören. Ein großer Vorteil bei unserer Detektivarbeit!

Im Morgensternhaus war es still, alle schliefen. Auch meine Kätzchen schliefen bald ein. Nur ich fand keine Ruhe.

Meine Gedanken wanderten. Von Taddäus zu Connies Püppchen und seiner verloren gegangenen Tochter. Von Angela, der Studentin, zu Ronald, dem Großneffen. Aber so viel ich auch nachdachte, alles blieb rätselhaft und ungelöst.

Endlich schlief auch ich ein.

8.

Große Erwartungen in Kirchhausen

Am nächsten Morgen erfuhr ich von Schnoferl und Moritz, dass sich in der vergangenen Nacht nichts weiter zugetragen hatte. Sowohl die Studentin wie auch der Großneffe hatten bald danach den Marktplatz verlassen. Angela Schmidt war zum Goldenen Hirschen gegangen, Ronald zum Haus seiner Großtante.

Für ganz Kirchhausen begann ein aufregender Tag. Von Haus zu Haus hatte sich herumgesprochen, dass Connies Püppchen ein prähistorischer Fund von großem Wert sein könnte.

So viele Besucher wie an diesem Tag hatte das Heimatmuseum noch nie gehabt. Alle wollten Connies Püppchen sehen und bewundern.

Goldie ließ mir durch Flop ausrichten, dass auch Angela Schmidt gekommen sei. Sie sei aber gleich wieder fortgegangen, weil die Kirchhausner ihr entweder gratulieren wollten oder sie mit Fragen bedrängten.

Ronald, der Großneffe, schien sich hingegen im Trubel wohl zu fühlen. Er war sozusagen Stammgast im Museum geworden.

Goldie war darüber so ungehalten, dass sie ihn anfauchte und Pfotenhiebe versetzte, wann immer sie konnte. Katzenallergisch wie er war, löste das immer einen Niesanfall aus.

Ilse, die Baumeistersgattin, lud ihre Freundinnen zu Kaffee und Kuchen ein. Auch Ronald, der Großneffe, war eingeladen. Gemeinsam feierten sie die künftige Sensation. Durch Connies Püppchen würde Kirchhausen berühmt werden. Nicht nur im eigenen Land! Auf der ganzen Welt! Die gesamte internationale Presse würde über den Fund berichten.

Die Großtanten und der Großonkel waren nicht eingeladen gewesen. Wie es in Kirchhausen üblich ist, erfuhren sie aber alles darüber.

Großtante Amelie, die selber gern an die Sensation geglaubt hätte, schüttelte den Kopf. Um Taddäus willen sollte man nicht so voreilig sein, meinte sie.

Großtante Annabel sagte: „Die Ilse ist eine dumme Person. Habt ihr was anderes von ihr erwartet?“

Großonkel Theo tätschelte das unsichtbare Etwas auf seiner Schulter.

Und Flori? Was war mit ihm? Er blieb ruhig und gelassen, als ginge ihn all das nichts an. Den ganzen Vormittag saß er am Computer und sandte Nachrichten aus. E-Mail nennen das die Menschen.

In den Zeiten vor dem Computer schrieben die Kirchhausner Briefe und trugen sie zum Postamt. Dort trafen sie andere Kirchhausner, mit denen sie plaudern konnten. Wenn sie E-Mails versenden, sitzen sie allein zu Hause.

Mit dem Computer, so hatte mir Flori erklärt, kann man nicht nur Briefe versenden, sondern sich auch mit Menschen auf der ganzen Welt unterhalten. Auch mit solchen, die man nicht kennt. Manche Kirchhausner, so heißt es, sitzen deshalb stundenlang vor dem Computer. Hat man da noch Zeit für die Nachbarn und für die Freunde? Wo bleibt die Geselligkeit?

Ich bin froh, dass wir Katzen keine Katzencomputer haben.

Als es Mittag wurde, ging Flori mit mir ins Heimatmuseum.

Im Schauraum drängten sich keine Besucher mehr. Um diese Zeit sind die Kirchhausner beim Mittagessen.

Taddäus saß am Tisch, auf dem das Püppchen lag.

Er saß wie verloren da, ganz in sich zusammengesunken, und nahm nicht wahr, dass Goldie ihn tröstend leckte.

„Was soll ich nur tun, Molly?“, klagte Goldie. „Seit gestern hat er nichts gegessen. Nicht einen Bissen.“

„Taddäus“, sagte Flori, „manchmal scheint alles trostlos zu sein und ist es doch nicht. Man darf nicht die Hoffnung verlieren.“

Taddäus gab keine Antwort.

„Flori“, miaute ich, „worauf soll er hoffen? Wenn sie ihm das Püppchen wegnehmen, hat er nichts mehr, das ihn an seine Tochter erinnert.“

Flori strich mir übers Fell. „Noch haben sie ihm das Püppchen nicht weggenommen. Wer weiß, was alles geschehen kann.“

Er kraulte Goldie und legte Taddäus aufmunternd

die Hand auf die Schulter. Dann verließ er mit mir den Schauraum.

Auf dem Marktplatz trafen wir Rosi und Bobby.

„Flori", rief Rosi, „meine Mama sagt, die Kirchhausner sind verrückt geworden. Sie sollten Taddäus in Ruhe lassen. Wo doch jeder weiß, wie sehr er an dem Püppchen hängt."

„Das sagt mein Papa auch!", rief Bobby.

„Wir gehen zu ihm", erklärte Rosi. „Die Mama meint, das wird ihm gut tun. Und du suchst seine Tochter, Flori! Weißt du schon was?"

„Was soll er wissen?", wies Bobby sie zurecht. „So einfach ist das nicht. Komm jetzt, Rosi!"

Er fasste sie an der Hand und zog sie mit sich fort.

Flori und ich gingen heim.

Als wir im Morgensternhaus waren und Flori von Taddäus erzählte, beschlossen die Großtanten, ihm ein warmes Essen zu bringen.

„Wir haben genug gekocht", sagte Großtante Amelie mitfühlend. „Es reicht auch für ihn. Wie soll er bei Kräften bleiben, wenn er nichts isst?"

„Er wird schon was essen!", erklärte Großtante Annabel. „Verlasst euch auf mich!"

9.

Warum schweigt Flori?

Am Nachmittag waren Flori und wir Katzen allein zu Hause. Die Großtanten und der Großonkel waren in Kirchhausen unterwegs. Um die Kirchhausner zur Vernunft zu bringen. Viel Erfolg hatten sie nicht.

Flori saß am Schreibtisch und träumte vor sich hin. Das ist so seine Art. Selbst wenn es einen Fall zu lösen gibt, verfällt er oft ins Träumen. Diesmal gab es keinen Fall zu lösen. Meine Katzensinne sagten mir aber, dass etwas nicht so war, wie es sein sollte. Spürte Flori es auch?

Als das Telefon klingelte und er den Hörer abhob, spitzte ich die Ohren. Er gab aber nur einsilbige Antworten, aus denen ich nicht klug wurde.

Und saß dann wieder untätig da.

Die Uhr an der Wand tickte, die Zeit verstrich. Meine Kätzchen hatten sich auf dem Sofa eingerollt und schliefen.

Ich dachte an die E-Mails, die Flori versandt hatte. Was hatten sie zu bedeuten? Hatten sie mit Ronald, dem Großneffen, zu tun? Oder mit Angela Schmidt, der Studentin? War es nicht ein seltsamer Zufall, dass beide zur gleichen Zeit nach Kirchhausen gekommen waren? Vielleicht war es gar kein Zufall.

Ich wurde immer unruhiger. Warum redete Flori nicht mit mir? Ich konnte mir sein Verhalten nicht erklären. Hatten wir nicht immer alles gemeinsam gelöst? Warum schwieg er diesmal?

Schließlich hielt ich es nicht mehr aus. Ich sprang vom Sofa, sprang auf den Schreibtisch, miaute laut und stieß Flori mit dem Kopf an.

„Ich bin es, Molly, deine Katze! Immer hast du mir alles anvertraut. Hast du Vorahnungen – wie ich? Hast du deshalb die E-Mails ausgesandt? Hast was vor und sagst es mir nicht?“

Flori lächelte mich an. Er nahm mich in die Arme, stand auf und trat ans offene Fenster.

Die Luft war lau. Das Licht der Sonne fiel schräg ein und ließ das gelb verfärbte Laub aufleuchten. Hier und dort löste sich ein Blatt und schwebte herab.

Flori streichelte mich. „Manchmal glaubt man etwas zu ahnen. Vielleicht sogar zu wissen? Aber man kann sich so leicht irren, man muss warten, bis man Gewissheit hat. Hab Geduld, Molly!“

Er schaute in Gedanken versunken in den herbstlichen Garten hinaus.

Mich begann es unter dem Fell zu kribbeln.

Am Abend dieses Tages wussten wir, dass die Vorahnungen uns nicht getäuscht hatten.

Connies Püppchen war aus dem Museum verschwunden.

10.

Die Venus von Hautzendorf ist verschwunden

Es war Angela Schmidt, die uns diese Nachricht brachte.

Wie immer saßen wir nach dem Abendessen in Floris Arbeitszimmer beisammen. Großtante Annabel las die Zeitung, Großtante Amelie einen ihrer Krimis. Persephone hatte es sich auf Großonkel Theos Schoß bequem gemacht. Pip war in Floris Aktenkorb eingeschlafen. Sternchen und ich dösten auf dem Sofa. Draußen war es schon dunkel geworden. In den Fenstern spiegelte sich das freundliche

Licht der Lampe. Bevor es Zeit zum Schlafengehen war, klingelte es an der Haustür und Angela Schmidt kam zu uns.

Zuerst konnten wir nicht fassen, was sie uns berichtete. Aus meiner Kehle kam ein tiefes Grollen. Sternchen drückte sich Hilfe suchend an mich. Pip im Aktenkorb fiepte verstört.

„Der arme Taddäus!“, jammerte Großtante Amelie. „Dass man ihm auch das noch antut!“

Großtante Annabel hatte sich kerzengerade aufgerichtet. Großonkel Theo tätschelte die unsichtbare Maus. Persephone öffnete kurz die Augen, blinzelte und schloss sie wieder.

„Frau Schmidt“, fragte Flori, „wer hat Ihnen gesagt, dass Connies Püppchen verschwunden ist? War es Taddäus? Hat er Sie zu uns geschickt? Waren Sie bei ihm im Museum?“

„Das möchte ich auch wissen“, erklärte Großtante Annabel. „Warum waren Sie dort? So spät am Abend?“

„Weil ich mir Sorgen um ihn machte! Diese vielen Menschen! Den ganzen Tag lang! Hab doch nicht ahnen können, dass es ihm so nahe gehen würde.“

„Das hätten Sie früher bedenken müssen“, sagte

Großtante Annabel grimmig. „Immerhin sind Sie es gewesen, die alle Kirchhausner verrückt gemacht hat."

„So aber habe ich es nicht gewollt", murmelte Angela, die Studentin. Sie fuhr sich übers Haar und strich sich eine Strähne zurück, die ihr ins Gesicht gefallen war.

Mich kribbelte es unterm Fell. Wie damals, am ersten Tag der großen Sensation, erinnerte sie mich an jemanden. Aber an wen?

Im nächsten Augenblick griff sie sich wieder an den Kopf.

„Es ist nur Josephine", klärte Großonkel Theo sie freundlich auf. „Sie will Ihnen sagen, dass Sie Flori vertrauen können. Er bringt immer alles in Ordnung."

„Ja, das tut er, liebes Fräulein", sagte Großtante Amelie, die nie mitansehen kann, wenn jemand unglücklich ist. „Einen besseren Detektiv als Flori gibt es nicht."

„Zumindest nicht hier in Kirchhausen", stellte Großtante Annabel fest.

Angela Schmidt streckte wie hilfesuchend die Hand aus. „Herr Morgenstern, helfen Sie Herrn

Melzer! Er weigert sich, die Polizei zu verständigen. Aber das Püppchen könnte ein so wertvoller Fund sein! Ihnen wird er erlauben es zu suchen. Und den zu finden, der es ihm weggenommen hat."

„Halb Kirchhausen war heute im Museum", sagte Großtante Annabel. „Also muss der Dieb jemand aus Kirchhausen sein. Oder doch jemand, der nicht aus Kirchhausen ist", fügte sie mit einem vielsagenden Blick auf Angela hinzu.

Ich sprang vom Sofa und landete mit einem Satz auf dem Schreibtisch.

„Flori", miaute ich, „es ist Zeit zum Handeln! Jetzt ist es ein Fall für dich."

Er strich mir übers Fell. „Noch wissen wir zu wenig um jemanden zu verdächtigen", sagte er zu Großtante Annabel. „Gehen wir ins Museum! Vielleicht kann uns Taddäus einen Hinweis geben."

Wir verließen das Haus. Wenn Angela Schmidt sich wunderte, dass Großtanten und Großonkel samt Katzen den Detektiv begleiteten, so ließ sie sich nichts anmerken. Im Haus blieb nur Persephone zurück. Bevor sich die Zimmertür schloss, sah ich, wie sie sich auf dem Sofa räkelte.

Die Seitengasse war menschenleer. Auch auf dem

Marktplatz war niemand mehr unterwegs. Viele der Fenster waren aber noch erleuchtet. Diesmal auch die Fenster vom Schauraum des Museums.

Bevor wir hineingingen, schaute ich kurz suchend umher, ob nicht ein Mitglied der Katzenbande auf dem Marktplatz war. Nicht einmal eine Schwanzspitze war zu erblicken. Das bedeutete aber nicht viel. Katzen können, wenn sie wollen, unsichtbar bleiben.

Im Schauraum kam uns Goldie kläglich miauend entgegen. Taddäus saß in sich zusammengesunken am Tisch, auf dem das Püppchen gelegen war und nicht mehr lag.

Von draußen war kein Laut zu hören. Es war ganz still, bis auf Goldies verzagtes Jammern. Wir nahmen schweigend rund um den Tisch Platz. Angela blieb stehen, die Hände in den Jackentaschen vergraben.

„Taddäus“, sagte Flori, „wir sind gekommen, weil wir dir helfen wollen. Damit wir es tun können, brauchen wir deine Hilfe. Ist dir irgendetwas aufgefallen? Hat sich jemand verdächtig benommen?“

„Weiß nicht“, murmelte Taddäus. „Hab nichts bemerkt.“

„Wann hast du das Püppchen vermisst?“

„Wann hab ich's vermisst?“, sagte Taddäus ohne aufzublicken. Als spräche er zu sich selbst und nicht zu uns. Goldie sprang auf seinen Schoß. Er streichelte sie nicht, wie er es sonst getan hätte. „So viele Leute waren da. Den ganzen Tag. Sie haben geredet und geredet und geredet. Hat mich so müde gemacht. Bin eingeschlafen.“

„Und was war dann?“, fragte Flori.

„Dann bin ich aufgewacht. War niemand mehr da. Alle waren fort.“

„Und das Püppchen?“

„Das war weg.“

„Goldie“, miaute ich, „wer hat es genommen? Wer war es?“

Goldie schniefte unglücklich. „Hab auch geschlafen, Molly.“

Taddäus richtete sich auf. Er schaute uns nicht an, er schaute über uns hinweg. „Jetzt können sie kommen, die Herren aus Wien. Aber mein Püppchen können sie mir nicht mehr wegnehmen.“

„Sie werden aber wissen wollen, wo es ist“, sagte Flori. „Wir können nicht so tun, als hätte es dein Püppchen nie gegeben. Alle in Kirchhausen wissen davon. Alle werden sich fragen, warum es plötzlich verschwunden ist."

„Und willst du es nicht selber wieder haben?", fragte Großtante Amelie.

Taddäus schwieg.

„Was geschieht, wenn wir das Püppchen nicht finden?", fuhr Flori fort. „Ein oder zwei Tage lang können wir alles geheim halten. Aber dann nicht mehr. Dann", er zögerte kurz, „müssen wir die Polizei verständigen."

„Nein", murmelte Taddäus und strich mit einer hilflosen Bewegung eine Haarsträhne aus dem Gesicht. „Nicht die Polizei!"

„Aber es wird sein müssen", sagte Großtante Annabel ungewöhnlich milde.

Flori beugte sich vor, sah Taddäus eindringlich an. „Du weißt, wie die Polizei ist. Ganz Kirchhausen werden sie durchsuchen. Und jeden verdächtigen. Jeden! Willst du das? Hast du mir nichts zu sagen? Wirklich nicht?"

Er bekam keine Antwort. Taddäus war wieder in sich zusammengesunken. Goldie miaute tröstend. Er schien es nicht wahrzunehmen. Als sei er nicht hier, sondern irgendwo weit fort, wo ihn niemand erreichen konnte.

Flori stand auf.

„Was werden Sie jetzt tun, Herr Morgenstern?“, fragte Angela.

„Das Püppchen suchen und aufklären, wer es an sich genommen hat. Und hoffen, dass einstweilen niemand davon erfährt. Können wir uns auf Sie verlassen, Frau Schmidt?“

Angela nickte. „Das können Sie! Aber was ist, wenn morgen wieder Besucher kommen?“

„Morgen wird das Museum geschlossen sein“, erklärte Flori. „Meine Großtanten und mein Großonkel werden den Kirchhausnern mitteilen, dass der große Wirbel für Taddäus zu viel geworden ist und er Ruhe braucht. Auch wir sollten jetzt gehen. Er wird allein sein wollen.“

Großonkel Theo tätschelte das unsichtbare Etwas auf seiner Schulter.

„Das meint Josefine auch!“

Im nächsten Augenblick spitzte ich die Ohren. Einen Herzschlag lang kam mir vor, als hörte ich ein leises Klicken. Das Klicken einer Tür, die sich geschlossen hatte. Das Klicken der Haustür?

Ich flitzte durch den Flur und durchs Katzenloch hinaus ins Freie.

Mir war, als sähe ich schattengleich eine Gestalt in der nächsten Seitengasse verschwinden. Ich war mir aber nicht sicher. Vielleicht bildete ich es mir nur ein.

Inzwischen hatten Flori und Großtante Amelie den Rollstuhl samt Großonkel Theo über die Türschwelle gehoben. Großtante Annabel hatte das Schild mit der Aufschrift „Museum geschlossen" aus dem Schauraum mitgenommen und hängte es an die Haustür.

Angela Schmidt verließ uns wortlos und stapfte zum Goldenen Hirschen.

Wir gingen heim.

Bevor wir in unsere Gasse einbogen, sah ich Dolly, Dotty und Maunzer, die im Friedhof lauerten.

„Heute Nacht! Wenn der Mond aufgeht!", miaute ich. „Treffpunkt Stadtpark! Connies Püppchen ist verschwunden. Flori braucht unsere Hilfe."

Dolly, Dotty und Maunzer sausten mit erhobenen Schwänzen davon.

11.

Ist es eine internationale Diebesbande?

Als wir daheim ankamen, lag Persephone nicht mehr auf dem Sofa, wahrscheinlich hatte sie sich in Großtante Amelies Zimmer zurückgezogen.

Ich sprang zu Flori auf den Schreibtisch. Meine Kätzchen krabbelten aufs Sofa.

Großtante Amelie ließ sich seufzend in ihren Sessel fallen. „Der arme Taddäus! Als ob er nicht schon genug Kummer hätte! Und jetzt hat man ihm das Püppchen gestohlen. Warum?"

„Um es jemandem zu verkaufen, der Geld dafür gibt", erklärte Großtante Annabel.

„Aber kein Museum wird etwas kaufen, das gestohlen worden ist!"

„Da habe ich meine Zweifel, Amelie. Es muss aber nicht ein Museum sein. Soviel ich weiß, gibt es verrückte Sammler, die ihre Schätze nur für sich selber haben wollen. Und sie niemals öffentlich herzeigen. So jemand nimmt auch gestohlenes Gut. Ist es nicht so, Flori?"

„Ja", gab er zu, „es gibt solche Sammler. Aber nur gewerbsmäßige Diebe kennen sie."

„Oder internationale Diebesbanden", sagte Großtante Amelie, die sich, seit sie Krimis las, in dieser Hinsicht gut auskannte.

Großonkel Theo tätschelte die unsichtbare Maus. „Die Kirchhausner sind alle ehrbare Leute. Das meint Josefine."

„Es sind aber zwei hier, die keine Kirchhausner sind", sagte Großtante Annabel. „Ronald, der Großneffe, und Angela, die Studentin. Wenn sie eine ist. Kommt es euch nicht verdächtig vor, dass beide gleichzeitig nach Kirchhausen gekommen sind? Und sich angeblich nicht kennen? Wahrscheinlich arbeiten sie zusammen."

Großtante Amelie schüttelte den Kopf. „Das kann ich nicht glauben. Angela ist so ein nettes, junges Ding! Habt ihr nicht bemerkt, wie sehr es ihr zu Herzen geht, dass Taddäus sein Püppchen verloren hat?"

„Pah! Mitgefühl kann man vortäuschen."

„Warum hat sie dann behauptet, es könnte ein

wertvoller Fund sein? Wär doch viel einfacher gewesen, das Püppchen zu stehlen, wenn niemand davon weiß."

„Weil kein Sammler Geld hergibt ohne nachzuforschen. Mag er noch so verrückt sein. Und was wird er erfahren? Hier in Kirchhausen? Sind doch alle von der großen Sensation überzeugt. Das weißt du so gut wie ich."

Großtante Amelie seufzte nur.

„Flori", befahl Großtante Annabel, „du musst das Püppchen finden. Solange nur wir wissen, dass es verschwunden ist. Sonst gibt es in Kirchhausen eine zweite Sensation. Und jetzt geh ich schlafen. Detektivarbeit macht müde."

„Das meint Josefine auch", sagte Großonkel Theo.

Meine Kätzchen, Flori und ich blieben im Arbeitszimmer zurück.

Flori nahm mich auf den Schoß. Ich rieb den Kopf an ihm. „Wissen nur wir es?", fragte er. „Was meinst du, Molly? War da nicht jemand draußen im Flur?"

„Hast du es auch gehört?", miaute ich. „Das Klicken der Haustür?"

Auf einmal war ich mir ganz sicher. Jemand war im Flur gewesen und jemand war in der Seitengasse verschwunden. Und die Wirtshauskatzen mussten gesehen haben, wer es gewesen war.

Ich mauzte so aufgeregt, dass Flori mich beruhigend streichelte. Er sagte, ich sei eine kluge Katze und wie immer eine große Hilfe.

Dann ging auch er in sein Schlafzimmer.

Ich setzte mich zu meinen Kätzchen aufs Sofa.

„Mami", miezte Sternchen, „mir tut Taddäus so leid!"

„Es wird schon alles gut werden, Sternchen", miaute Pip. „Mama, Flori und ich haben noch jeden Fall gelöst."

Meine Kätzchen kuschelten sich aneinander. Ich leckte sie tröstend, bis sie einschliefen.

Dann saß ich reglos da und ließ die Zeit verstreichen.

Flori war so schweigsam. War es deshalb, weil er etwas wusste oder zu wissen glaubte? Hatte er Vorahnungen gehabt, schon bevor das Püppchen verschwunden war? Hatte es mit Ronald, dem Großneffen, zu tun? Oder mit Angela, der Studentin? War der Lauscher auf dem Flur Ronald gewesen?

Sternchen seufzte im Schlaf. Im Haus war es still, nur die Uhr tickte. Die Augen fielen mir zu. Ich schlief ein.

12.

Die Katzenbande greift ein

Als es an der Zeit für das nächtliche Treffen war, erwachte ich und weckte meine Kätzchen.

Im Morgensternhaus sind nachts alle Türen einen Spalt offen. Damit wir Katzen ungestört von einem Zimmer zum anderen wandern können.

Meine Kätzchen und ich verließen das Arbeitszimmer und schlüpften durchs Katzenloch auf die Gasse hinaus. Moritz wartete schon und schloss sich uns an.

Kein Stern blinkte. Die Luft war neblig und merklich kühler geworden. Auf dem Marktplatz und in den Gassen war niemand mehr unterwegs. Bis auf die Katzenbande!

Als wir den Stadtpark erreichten, waren fast alle schon da und die paar Nachzügler stellten sich bald ein. Goldie kam zuletzt. Leise vor sich hinjammernd setzte sie sich neben Lilly.

Auf der Wiese war es ungewöhnlich still. Taddäus war bei uns Katzen sehr beliebt, selbst das jüngste Kätzchen kannte die Geschichte seiner verloren gegangenen Tochter. Das dämpfte die allgemeine Freude, die uns sonst erfüllte, wenn es einen Fall für Flori zu lösen gab.

Der Mond hatte sich über den Kronen der Bäume erhoben, war aber im nächtlichen Dunst nur zu erahnen.

Ich hatte wie immer mit Sternchen und Pip auf der Bank Platz genommen. Ein Blick zum Teich überzeugte mich, dass Persephone diesmal nicht hier war. Auch Motzer fehlte. Vielleicht war er aber schon hier, irgendwo verborgen im Gebüsch.

„Connies Püppchen ist verschwunden“, verkündete ich laut miauend. „Noch wissen es die Kirchhausner nicht. Und sollen es auch nicht wissen. Damit es kein Fall für die Polizei wird. Weil wir das Taddäus nicht antun können. Also muss Flori das Püppchen finden und aufklären, wer es gestohlen hat. Und wir, die Katzenbande, helfen ihm dabei.“ Ein zustimmendes Miauen und Gemaunze setzte ein. Schnoferl, der mit Mimi ganz vorne saß, wuffte und wedelte mich an.

„Molly“, fragte Tom bedächtig, als es wieder ruhig geworden war, „Wer würde so ein Püppchen stehlen? Ist doch nur ein wunderliches Ding aus Ton.“

„Weil es ein wertvoller Fund sein könnte. Und weil es Menschen gibt, die für so was viel Geld bezahlen. Auch wenn wir Katzen das nicht verstehen.“

Ich begann zu berichten, was geschehen war. Von Angelas spätem Besuch im Morgensternhaus bis zum Verdacht, der Täter oder die Täter könnten Mitglieder einer internationalen Diebesbande sein.

„Molly“, miaute Moritz, „du meinst also, es ist jemand, der kein Kirchhausner ist?“

„Ronald und Angela“, miaute, fiepte und mauzte es auf der ganzen Wiese.

„Nein!“, miauten Dolly und Dotty gleichzeitig. „Angela ist es nicht!“

„Die ist keine Diebin!“, mauzte Dolly. „Sie mag Katzen!“

„So sind sie, die Kätzinnen!“, zischelte Maunzer. „Lassen sich einwickeln von ein bisschen schmusen und streicheln.“ Dolly und Dotty fauchten und fielen mit ausgefahrenen Krallen über ihn her. Maunzer wich geschickt aus und tatzelte gutmütig zurück.

„Molly, hör nicht auf Maunzer!“, gurrte Dolly. „Der raunzt bloß was daher! Es muss dieser Ronald sein. Treibt sich immer auf dem Marktplatz herum. Die ganze Zeit schon.“

„Auch heute Abend?“

„Ja! Hat sich hinterm Brunnen versteckt, als ihr gekommen seid.“

„Und dann“, miaute ich hoffnungsvoll, „habt ihr gesehen, wie er uns ins Museum nachgeschlichen ist und uns belauscht hat?“

Dotty pfotelte verlegen. „Haben wir nicht!“

„Da war nämlich eine Ratte!“, miezte Dolly.

„Eine Ratte?“

„Ja, auf dem Kirchhof.“

„Ich bin nach ihr gesprungen“, kreischte Dolly. „Hab sie schon fast in den Krallen gehabt. Und was tut Maunzer? Springt auch! Im gleichen Augenblick. Typisch Kater!“

„Dann sind sie zusammengeprallt!“, quietschte Dotty. „Und die Ratte? Die war auf und davon.“

„Aber wir haben sie gejagt“, grollte Maunzer. „Von

einem Schlupfwinkel zum andern. Bis sie genug hatte. Und abgehauen ist. War nur eine Wanderratte. Die lässt sich in Kirchhausen nicht mehr blicken."

„Als sie weg war, war auch Ronald weg!", miaute Dotty. „Tut uns leid, Molly."

Ich seufzte, aber nur innerlich. Ich konnte ihnen keinen Vorwurf machen. Eine Ratte in Kirchhausen, noch dazu auf dem Kirchhof, ging gegen unsere Katzenehre. Ein verständisvolles Mauzen der Bande bestätigte es.

Es gab noch eine Katze, die ich hätte fragen können, ließ es aber sein. Wenn Ronald außer Haus gewesen war, hatte Mama Mau bestimmt – endlich ungestört – auf ihrem Lieblingssofa geschlafen.

Auf der Wiese war es wieder still geworden. Alle Augen waren erwartungsvoll auf mich gerichtet. Pip stupste mich an.

„Der Lauscher auf dem Flur muss Ronald gewesen sein", miaute ich. „Da bin ich mir ganz sicher und ihr bestimmt auch. Was es zu bedeuten hat und warum er es getan hat, das müssen wir herausfinden. Einverstanden?"

„Einverstanden!", miaute es im Chor.

„Wir haben zwei, die verdächtig sind. Dolly, Dotty

und Maunzer, eure Aufgabe ist es, Angela zu beschatten. Sollte wieder eine Ratte auftauchen, dann lasst sie ausnahmsweise in Frieden."

„Wird gemacht, Molly!", mauzten sie zu dritt. „Verlass dich auf uns!"

Bevor ich überlegen konnte, wer am besten geeignet war, Ronald zu beschatten, löste sich aus dem Dunst eine Gestalt und glitt auf lautlosen Pfoten heran.

Es war Motzer,

„Molly", miaute er, „den Großneffen übernehme ich!"

Ohne eine Antwort abzuwarten, verschwand er wieder, genau so lautlos, wie er gekommen war.

Diesmal folgte ihm Lilly nicht. Wir alle verstanden, dass sie bei Goldie bleiben wollte. Motzer kam auch ohne ihre Hilfe zurecht.

Auf der Wiese hatte sich keine Gegenstimme gemeldet. Nicht nur ich, die ganze Bande wusste, dass es niemanden gab, der sich so unsichtbar machen konnte wie Motzer. Und niemanden, der besser imstande war, Krallen und Zähne zu benützen, wenn es nötig war.

Ein paar der jüngeren Kätzchen fingen an sich zu balgen, als sei unser Treffen schon zu Ende. Das war es aber nicht.

„Ronald und Angela könnten die Täter sein", verkündete ich. „Noch haben wir aber keinen Beweis, dass er oder sie oder beide gemeinsam das Püppchen gestohlen haben. Es kann auch jemand sein, von dem wir bis jetzt keine Ahnung haben. Wer aber wäre besser geeignet, ganz Kirchhausen zu beschatten als wir, die Katzenbande. Und für wen tun wir es? Für Flori und Taddäus!"

„Für Flori und Taddäus!", miaute es so laut und vielstimmig, dass jede Maus im weiten Umkreis gewiss in ihrem Mauseloch Schutz suchte.

„Und ich", quietschte Flop und machte einen Luftsprung, „flitz in ganz Kirchhausen herum und melde dir alles, Molly!"

Schnoferl wedelte und schaute mich mit seinen treuherzigen Hundeaugen an. „Was soll ich tun?", japste er.

„In Kirchhausen herumschnüffeln, ob es irgendwo einen fremden Geruch gibt. Wenn nicht, dann bleib bei Rosi und sei bereit, wenn Flori euch braucht."

Die Versammlung löste sich auf. Goldie und Lilly huschten sofort los, um so bald wie möglich wieder bei Taddäus zu sein.

Moritz begleitete mich und meine Kätzchen auf

dem Heimweg. Als wir den Marktplatz erreichten, hielten wir an. Der Nebel hatte sich verdichtet. Die Straßenlaternen sahen aus wie kleine bleiche Monde. Die Häuser waren nur noch graue Schatten. Im Museum war kein Fenster erleuchtet.

Ich dachte an Taddäus und wünschte aus ganzem Herzen, dass Flori das Püppchen bald fand. Und dass es kein wertvoller Fund war, sondern blieb, was es immer gewesen war – Connies Püppchen.

Wir huschten über den Marktplatz in die Seitengasse. Moritz verabschiedete sich. Meine Kätzchen und ich schlüpften durchs Katzenloch ins Morgensternhaus.

13.

Ein ereignisreicher Tag beginnt

Am nächsten Morgen war der Himmel grau verhangen. Als ich erwachte, hörte ich die üblichen Morgengeräusche. Schritte auf der Gasse, eine Haustür, die zugeschlagen wurde. Ein Auto, das vorbeifuhr.

Für Kirchhausen begann ein neuer Tag. Die Kirchhausner ahnten freilich nicht, dass sie – ob im Haus oder auf der Straße oder wo immer – von aufmerksamen Katzenaugen beobachtet und von gespitzten Katzenohren belauscht wurden.

Die Großtanten und der Großonkel brachen gleich nach dem Frühstück auf, um allen Bekannten und Freunden mitzuteilen, dass Taddäus Ruhe brauchte und nicht gestört werden sollte.

Vom Detektivfieber erfasst, versicherten sie Flori auf alles zu achten, was ihnen verdächtig vorkam.

„Und was tun wir?", miaute ich, nachdem die Großtanten und der Großonkel aus dem Haus waren.

„Wir gehen zu Rosi und Bobby", erklärte Flori. „Heute ist Samstag, da haben sie schulfrei und Zeit für uns."

Meine Kätzchen schliefen noch immer auf dem Sofa. Ich weckte sie nicht. Sie waren jung und brauchten ihre Ruhe.

Als Flori und ich aus dem Haus traten, flitzte Flop daher.

„Molly", fiepte er noch ganz atemlos, „Motzer sagt, Flori soll zum Goldenen Hirschen kommen. Ronald hat sich dort eingeschlichen und das Zimmer von Angela durchsucht."

„Und Angela?", mauzte ich, vor Aufregung fast ebenso atemlos wie Flop.

„Die ist im Stadtpark und sitzt auf der Bank beim Teich. Das soll ich dir von Maunzer und Dotty und Dolly ausrichten."

Im nächsten Augenblick war Flop schon wieder auf und davon auf der Suche nach weiteren Nachrichten.

Mein Fell sträubte sich, mein Herz schlug rascher. War das die Spur, die wir brauchten um den Fall zu lösen? Darüber nachzudenken hatte ich keine Zeit. Jetzt war vor allem wichtig, dass Flori zum Goldenen Hirschen ging.

Ich schaute ihn auffordernd an, miaute eindringlich, stellte den Schwanz steil auf und marschierte los.

Flori folgte mir.

Wenn ich so entschlossen vorausgehe, weiß er, dass es einen guten Grund dafür gibt und stellt keine Fragen.

Ich marschierte über den Marktplatz, noch immer den Schwanz erhoben. Vor dem Museum standen ein paar neugierige Kirchhausner, lasen das Schild und tuschelten enttäuscht untereinander. Ich beachtete sie nicht.

Im Gasthof zum Goldenen Hirschen kam uns Ida auf dem Flur entgegen.

„Flori“, rief sie, „bin ich froh, dass du gekommen bist! Der Wirt und die Wirtin sind außer Haus und ich weiß nicht, was ich tun soll. Es ist dieser Ronald! Schau dir an, was er getan hat!“

Sie schien ganz durcheinander zu sein, wartete nicht einmal auf eine Antwort und lief uns voran in den ersten Stock hinauf, wo die Gästezimmer sind.

Die Tür von Angelas Zimmer stand offen.

Wir traten ein. Ich wusste schon, was uns erwartete. Das Zimmer war durchsucht worden, daran gab es keinen Zweifel. Der Deckel von Angelas Koffer war zurückgeklappt, auf dem Boden verstreut lag alles, was darin gewesen war. Das Bett war durchwühlt, das Leintuch hing lose herab.

„Flori“, sagte Ida, „ich wollte einen Stoß frischer Servietten aus der Wäschekammer holen. Da habe ich gehört, dass jemand im Zimmer von Frau Schmidt war und hab mich gewundert. Weil sie schon vor einer Weile fortgegangen war. Ich habe die Tür aufgemacht und …!“

„Und im Zimmer drinnen war Ronald“, sagte Flori.

„Ja! Er war's!“ Ida holte tief Atem. „War nicht einmal verlegen. Hat mich angelächelt und ganz höflich gesagt, Frau Schmidt habe etwas vergessen und ihn gebeten es zu holen. Leider habe er danach suchen müssen. Und dann … dann …“

„Was war dann?“

„Dann hat er gesagt, ich soll das Zimmer aufräumen. Sonst würde jeder meinen, ich hätte darin herumgesucht. Flori, was soll ich tun?“

Mein Schwanz zuckte, das Kribbeln unter dem Fell verstärkte sich. War es das Püppchen, das Ronald gesucht hatte? War Angela die Diebin? Oder doch nicht?

„Ida“, sagte Flori, „wenn ich dich jetzt um etwas bitte, das du nicht verstehen wirst, willst du es trotzdem tun?“

Ida nickte. Mir war, als würden ihre Augen plötzlich feucht. „Ich hab nicht vergessen, was du für Ivo und Max getan hast“, murmelte sie.

„Dann räum das Zimmer auf! Nicht wegen Ronald. Wegen mir.“

Wieder nickte Ida. Sie vertraut Flori genau so blind wie Rosi es tut.

Flori lächelte. „Danke, Ida! Später werde ich dir alles erklären. Wenn es die rechte Zeit dafür ist.“

Ida hatte sich beruhigt und begann das Zimmer

aufzuräumen. Flori und ich verabschiedeten uns und wir verließen den Goldenen Hirschen.

Ich hielt es vor Spannung kaum noch aus, tatzelte nach Flori und miaute schrill.

Er hob mich auf, hielt mich in den Armen und streichelte mich. „Molly“, sagte er, „du meinst, dass das Püppchen in Angelas Zimmer war. Aber nicht immer ist alles so, wie es zu sein scheint.“

„Wieso willst du das wissen?“, fauchte ich.

„Weil es Ahnungen gibt, die nicht täuschen.“ Er fuhr fort, mehr zu sich selber als zu mir: „Manchmal glaubt man etwas zu wissen und irrt sich doch. Manchmal weiß man es aber! Weil es nicht anders sein kann. Auch wenn der letzte Beweis noch fehlt. Hab Geduld, Molly!“

Seine streichelnde Hand beruhigte mich. Flori ist zwar ein Träumer, aber einer wichtigen Spur zu folgen hat er noch nie versäumt. Und wenn er etwas ahnte, hatte er noch immer recht gehabt. Sollten ihn seine Ahnungen diesmal ausnahmsweise täuschen – nun ja, dann lag es an uns, der Katzenbande, ihm weiterzuhelfen. Was Ronald betraf, konnte ich mich auf Motzer verlassen.

Als wir zum Bäckerhaus gingen, kam Schnoferl

mit flatternden Ohren herangesaust und teilte mir mit, dass er in ganz Kirchhausen keinen fremden Geruch erschnüffelt hatte. Auch nicht im verstecktesten Winkel.

„Jetzt bin ich bereit!“, japste er.

Bei dem kühlen Herbstwetter waren Rosi und Bobby nicht im Garten. Frau Huber schickte uns in den ersten Stock hinauf, wo Rosis Zimmer war.

Flori klopfte an und wir traten ein.

Rosi saß mit gekreuzten Beinen auf dem Bett und hatte Mimi auf dem Schoß. Vor dem Bett hockten Bobby und Max. Auf dem Tisch lagen Hefte und Schulbücher.

„Flori!“, rief Rosi und glitt so rasch vom Bett, dass Mimi hinunter purzelte, erschrocken fiepte und zu Schnoferl flüchtete. „Wir wollten eben zu dir gehen. Weißt du schon was von der richtigen Connie?“

„Aber Rosi!“, wies Bobby sie zurecht. „So schnell geht das nicht. Er kann doch nicht zaubern.“

Flori sagte, er habe Cornelia Melzer nicht vergessen. Jetzt sei aber etwas geschehen, wozu er Hilfe brauchte.

Er setzte sich aufs Bett. Rosi nahm daneben Platz. Bobby und Max hockten sich wieder auf den Boden.

Mimi legte sich zwischen Schnoferls Pfoten. Ich machte es mir auf Floris Schoß bequem.

„Was ist geschehen, Flori?“, wollte Rosi wissen.

„Etwas, das niemand in Kirchhausen erfahren darf. Worüber ihr schweigen müsst, was immer auch sein sollte. Könnt ihr das?“

„Können wir!“, riefen Rosi und Bobby gleichzeitig,

„Und du, Max?“

Bobby blickte zweifelnd drein. Rosi nickte Max aufmunternd zu.

Max schnitt Gesichter, wie immer, wenn er verlegen ist.

„Großes Ehrenwort!“, murmelte er.

„Connies Püppchen ist aus dem Museum verschwunden“, erklärte Flori. „Seit gestern. Wenn wir es nicht finden, muss ich es der Polizei melden. Das will ich Taddäus nicht antun. Wir müssen das Püppchen also finden.“

Rosi und Bobby starrten Flori entsetzt an. Max schnaufte. Schnoferl winselte.

Unter uns klingelte die Ladentür. Wir hörten gedämpfte Stimmen.

„Gestohlen?“, rief Bobby. „Das Püppchen?“

„Jetzt hat er nichts mehr“, flüsterte Rosi. „Keine

Tochter und kein Püppchen."

Max schob die Unterlippe grimmig vor. „Kränk dich nicht, Rosi! Flori kann mehr als die Polizei. Er findet das Püppchen."

Gleich darauf wurde er rot im Gesicht und betrachtete seine Schuhspitzen, als hätte er etwas gesagt, worüber er sich selber wunderte.

„Max hat recht", sagte Flori. „Alles wird gut werden, Rosi. Wir lassen Taddäus nicht im Stich. Und jetzt hört mir zu!"

Er berichtete, was seit gestern Abend geschehen war. Und dass Ronald heute Vormittag im Goldenen Hirschen gewesen war und Angelas Zimmer durchsucht hatte.

„Warum hat er das getan?", fragte Rosi. „Hat er das Püppchen gesucht? Weil er weiß, dass Angela die Diebin ist?"

„Vielleicht haben sie zusammengearbeitet", sagte Bobby. „Und sich dann gestritten? Weil jeder das Püppchen für sich haben wollte. Was meinst du, Flori?"

Flori antwortete nicht, strich über mein Fell und blickte versonnen zum Fenster hin. Gegenüber vom Bäckerhaus war das Museum. Ich dachte an Taddäus, der dort allein mit seinem Kummer war.

Im Laden unter uns war es still geworden. Mimi räkelte sich zwischen Schnoferls Pfoten und schnurrte.

„Flori“, sagte Rosi, „wir helfen dir! Was sollen wir tun?“

„Auf's Museum aufpassen. Und auf Taddäus. Das wär eine große Hilfe, weil ich jetzt etwas anderes tun muss.“

Bobby runzelte die Stirn. „Bei dem Wetter können wir aber nicht immer auf dem Marktplatz sein.“

„Brauchen wir auch nicht!“, erklärte Rosi und schaute wie Flori zum Fenster hin. „Auf's Museum aufpassen können wir auch von meinem Zimmer aus.“

„Stimmt!“, gab Bobby zu.

Sie fragten sich nicht, warum sie auf das Museum und Taddäus aufpassen sollten. Ich jedoch verspürte ein leichtes Kribbeln. Ein Einfall kam mir, der aber so absonderlich war, dass ich mir verbot, weiter daran zu denken.

„Max“, sagte Flori, „auch für dich habe ich eine Aufgabe. Jemand muss Ronald beschatten. Willst du das tun?“

Max riss die Augen auf.

Bobby grinste etwas spöttisch. Rosi stupste ihn

mahnend und lächelte Max an. „Natürlich tust du es, nicht wahr?“

„Ich tu's!“, stieß Max hervor und rannte aus dem Zimmer, als hätte er Angst, jemand könnte ihn zurückhalten. Seine Schuhsohlen klapperten auf der Treppe.

Flori und ich folgten ihm nicht ganz so eilig, nachdem Rosi und Bobby versprochen hatten uns zu verständigen, wenn etwas Verdächtiges geschah.

Die Neugierigen vor dem Museum hatten sich verlaufen. In Kirchhausen musste es sich herumgesprochen haben, dass Taddäus Ruhe brauchte.

Auf dem Gehsteig vor dem Museum wartete Lilly auf uns und berichtete, dass Taddäus mit Goldie auf dem Schoß im Schauraum eingenickt war.

Flori und ich gingen nach Hause.

14.

Wo ist Taddäus?

Mittags kamen die Großtanten und der Großonkel heim. Hanna, die pensionierte Köchin, war mit Mama Mau zum Goldenen Hirschen gegangen, weil dort am Abend eine Geburtstagsfeier stattfand und sie in der Küche gebraucht wurde.

Nach dem Essen vergönnten sich die Großtanten und der Großonkel nicht einmal eine Ruhepause. Sie brachen wieder auf, um weiter für Flori zu spionieren.

Persephone zog sich in Großtante Amelies Zimmer zurück. Pip und Sternchen dösten auf dem Sofa.

Flori schickte eine E-Mail ab und blieb dann am Schreibtisch sitzen. Als müsste ein Detektiv nichts anderes tun, als E-Mails zu versenden! Wie viele Fälle hatte ich schon gemeinsam mit ihm gelöst, aber so wie diesmal hatte er sich noch nie verhalten. Warum nahm er sich nicht Ronald und Angela vor und verhörte sie?

Die Uhr an der Wand tickte.

Sie tickte und tickte.

Ich wurde ungeduldig und fing zu pfoteln an. Meine Kätzchen wachten auf und mauzten fragend. Ich sprang vom Sofa, sprang auf den Schreibtisch und versetzte Flori einen Pfotenhieb.

Im selben Augenblick klingelte das Telefon. Flori hob den Hörer ab, gab einsilbige Antworten und legte ihn wieder auf.

Er war auf einmal wie verwandelt. Das war nicht mehr Flori, der Träumer. Das war Flori, der Detektiv, der wusste, dass der Fall aufgeklärt war.

„War das der letzte Beweis?“, miaute ich. „Auf den du gewartet hast?“

Flori küsste mich zwischen den Ohren. Mit all meinen Katzensinnen spürte ich, dass er glücklich war.

„Bald wirst du alles wissen, Molly. Es gibt aber jemand, der das Recht hat, es als Erster zu erfahren. Kommt! Wir gehen ins Museum."

„Zu Taddäus?"

„Ja, Molly! Zu Taddäus."

Pip und Sternchen trippelten uns aufgeregt miezend nach. Begann ich jetzt die vielen E-Mails zu verstehen? Weil er etwas geahnt hatte? Und die Antwort, die er brauchte, wo anders zu finden war und nicht in Kirchhausen? Die seltsamsten Gedanken gingen mir durch den Kopf.

Auf dem Marktplatz waren nur wenige Menschen unterwegs, obwohl er sonst an jedem Samstag ein beliebter Treffpunkt ist. An diesem grauen Tag blieben die Kirchhausner daheim, wo sie es gemütlich hatten.

Rosi und Bobby waren nicht oben im Bäckerhaus, sie standen mit Schnoferl beim Brunnen. Als wir zu ihnen gingen, wandte Rosi den Kopf ab. Schnoferl wiefte kläglich.

Mein Fell sträubte sich. Etwas war nicht so, wie es sein sollte! Flori blieb gelassen wie immer.

Oder doch nicht?

Er warf einen Blick aufs Museum. „Was ist los, Bobby?“, fragte er.

Er bekam keine Antwort. Rosi schaute nicht auf. Bobby starrte vor sich hin.

„Hat es mit Taddäus zu tun?“

Bobby bohrte die Hände in die Hosentaschen. „Der ist fortgegangen, Flori! Mit dem Püppchen. Das heißt, so genau wissen's wir nicht. Aber es muss so sein. Weil er ein Kästchen in der Hand gehabt hat. Als er aus dem Museum gekommen ist. Wir sind in Rosis Zimmer gewesen und gleich hinuntergelaufen. Ich hab ihm nachgehen wollen. Aber Rosi …“ Bobby machte eine hilflose Geste. „Sie … sie hat gesagt, wenn ich es tue, sind wir keine Freunde mehr.“

Jetzt blickte Rosi auf und wandte sich uns zu. Tränen liefen ihr über die Wangen.

„Es ist sein Püppchen!“, schluchzte sie. „Es gehört ihm! Und keiner darf's ihm wegnehmen. Ich wünsch mir, dass er es gut versteckt. Wo niemand es findet. Auch du nicht, Flori!“

Meine Kätzchen drückten sich an mich. Schnoferl winselte.

„Rosi“, sagte Flori, „ich will ihm das Püppchen

nicht wegnehmen. Ich will ihm helfen. Wir dürfen ihn nicht allein lassen. Gerade jetzt braucht er uns. Damit er nicht etwas tut, das er vielleicht später bereut."

Rosi schaute ihn an. Sie schaute ihn lange an.

Der Brunnen plätscherte. Im trüben Licht war das Wasser glanzlos geworden.

„Vertraust du mir nicht, Rosi?", fragte Flori.

Sie wischte sich die Tränen fort. Dann nickte sie.

„Aber wir wissen nicht, wo er ist!", rief Bobby. „Er kann schon überall sein. Irgendwo in Kirchhausen."

Schnoferl begann wie verrückt zu wedeln. Nicht nur mit dem Schwanz. Mit dem ganzen Körper. „Ich schnüffle ihm nach!", wuffte er. „Ich finde ihn."

Er schnüffelte kurz. Und lief, die Nase dicht am Boden, in die nächste Seitengasse hinein. Wir folgten ihm. Wir alle wussten, dass wir uns auf seine Spürnase verlassen konnten.

Manchmal, wo Gassen sich kreuzten, zögerte Schnoferl einen Augenblick, wuffte ermutigend und lief weiter.

Er führte uns aus Kirchhausen hinaus in den Stadtpark. Die Wolkendecke hatte sich tief herabgesenkt. Es war düster, als käme schon der Abend.

Ich schaute zum Teich hin. Angela saß nicht mehr

auf der Bank. Auch Maunzer, Dotty und Dolly waren nicht zu erblicken.

Wir fanden Taddäus am Ende des Parks, dort, wo der Baumbestand am dichtesten ist. Er kauerte unter einem der alten Bäume, wühlte Laub und Erde auf. Goldie und Lilly saßen neben ihm.

Etwas abseits davon stand Angela, so reglos, dass sie mir im grauen Licht unwirklich vorkam. Hinter ihr im Gebüsch lauerten Maunzer, Dolly und Dotty.

Taddäus legte das Kästchen in das Loch, das er gegraben hatte. Bevor er aber Laub und Erde darüber häufte, nahm er das Püppchen heraus, hielt es in den Händen und drückte es an sich. Er schien weder Angela noch uns wahrgenommen zu haben.

Es war ganz still. Nur Goldies leises, tröstendes Miauen war zu hören.

„Cornelia Melzer“, sagte Flori, „ist es nicht an der Zeit, dass Sie sich zu erkennen geben?“

Sie blickte zu uns her, strich eine Haarsträhne zurück.

In diesem Augenblick wusste ich, an wen sie mich immer erinnert hatte. Es war die gleiche Geste wie bei Taddäus. Flori musste es vom Anfang an aufgefallen sein und er hatte es richtig gedeutet. Alles war auf einmal selbstverständlich, was ich mir nicht erklären hatte können.

Angela – oder vielmehr Cornelia – trat zu Taddäus und kniete neben ihm nieder.

„Vater", sagte sie, „ich bin es! Deine Connie."

Er ließ das Püppchen fallen.

„Connie?", murmelte er. „Connie!"

Flori wandte sich stumm ab. Wir gingen mit ihm fort, zurück nach Kirchhausen. Wir alle spürten, dass wir Taddäus und seine so lange vermisste Tochter bei ihrer ersten Wiedersehensfreude allein lassen mussten. Nur Goldie und Lilly blieben bei ihnen.

Der Nebel schluckte das Geräusch unserer Schritte. Der Park hatte sich in ein geheimnisvolles Reich aus sanften grauen Schatten verwandelt. Irgendwo in der Ferne rief ein Käuzchen.

Rosi fasste Flori an der Hand. „Du hast es schon immer gewusst! Dass sie Connie ist!"

Er gab nicht sofort eine Antwort. Ich dachte an seine Vorahnungen und maunzte leise.

„Ich fragte mich", sagte er, „warum sie nach Kirchhausen gekommen ist. Was für einen Grund gab es dafür? War es Taddäus? Weil sie seine Tochter ist, die er verloren hat? Das Alter stimmte. Und diese Geste, wenn sie sich das Haar aus dem Gesicht strich!

Deshalb habe ich meinen Kollegen in Wien gebeten, mir zu helfen. Er hat nachgeforscht. Eine Studentin, die Angela Schmidt heißt, hat er nicht gefunden."

„Aber eine, die Cornelia Melzer heißt", sagte Rosi.

Flori nickte.

„Und dass er selber das Püppchen hat? Hast du das auch gewusst?"

„Ja, da war ich mir ganz sicher." Flori lachte. „Wenn es auch einen gibt, der es nur zu gern gestohlen hätte."

„Ronald, der Großneffe!", rief Bobby.

Schnoferl jaulte vergnügt. Der Bann war gebrochen. Pip und Sternchen fingen mit Maunzer, Dolly und Dotty zu tanzen an und miauten um die Wette.

Am Ende des Parks verließen uns Maunzer, Dolly und Dotty, um allen Katzen in Kirchhausen die freudige Nachricht von der wiedergefundenen Tochter mitzuteilen. Rosi, Bobby und Schnoferl begleiteten uns nach Hause.

Als wir den Marktplatz erreichten, gingen die Laternen an, leuchteten bleich im nebligen Dunst.

Flori hob mich auf und strich mir übers Fell. „Molly", sagte er, „alles ist gut geworden."

15.

Persephone in Gefahr

Es war aber nicht alles gut!

Die Tür zum Morgensternhaus stand weit offen. Eine böse Vorahnung beschlich mich. Als wüsste ich, was uns erwartete.

Auch die Tür zum Arbeitszimmer war offen. Drinnen sah es aus wie in Angelas Zimmer am Morgen dieses Tages. Nur noch viel schlimmer.

Alle Schubladen waren herausgerissen. Der Inhalt

lag auf dem Boden und jemand hatte darauf herumgetrampelt. Floris Schreibtisch war leer gefegt, der Sessel umgekippt. Die Blätter aus dem Aktenkorb waren durcheinander gewirbelt und im ganzen Zimmer verstreut.

Wir standen da und konnten es kaum fassen.

„Das war Ronald!“, sagte Flori.

„Aber warum?“, rief Rosi. „Warum hat er’s getan? Das hat doch keinen Sinn.“

„Wie man selber ist, so denkt man auch von anderen, Rosi. Bei Angela – das heißt Cornelia – hat er das Püppchen nicht gefunden. Da hat er wohl gedacht, ich hätte der Versuchung nicht widerstehen können und er würde es bei mir finden.“

Schnoferl schnüffelte im Zimmer herum. Vor dem Sofa jaulte er plötzlich auf. Erst jetzt sahen wir, was wir zuerst in all der Verwüstung nicht wahrgenommen hatten.

Auf dem Sofa lag ein zerknülltes blutiges Taschentuch.

„Persephone!“, miaute ich schrill.

Wir stürzten auf den Gang hinaus. Rannten von Zimmer zu Zimmer. Suchten im ganzen Haus. Schnoferl schnüffelte unter jedem Bett und in allen

Ecken. Wir fanden Persephone nicht. So sehr wir auch nach ihr riefen, kein Miauen antwortete uns.

Wir kehrten niedergeschlagen in Floris Arbeitszimmer zurück.

Hatte Ronald sie entführt? Was hatte er ihr angetan? Das blutige Taschentuch machte mir Angst. Wo war Persephone? Lag sie irgendwo hilflos und halb tot?

Mein Katzenherz wurde mir schwer, obwohl das seltsam war. Immer hatte ich mir gewünscht, Persephone wäre nie in unser Haus gekommen. Und jetzt?

Alles hätte ich darum gegeben, dass sie wieder bei uns war, heil und unversehrt.

Meine Kätzchen drängten sich wimmernd an mich.

Ich miaute klagend.

„Molly“, sagte Flori, „hab keine Angst! Wir finden sie. Wenn es sein muss, verständigen wir die Polizei. Obwohl ich es Hanna ungern antun würde. Zuerst einmal suchen wir Max. Er wird mehr wissen als wir.“

„Ha!“, sagte Bobby verächtlich. „Auf den ist kein Verlass! Hätt ihn doch beschatten sollen, den Großneffen, und hat's bestimmt nicht getan. Typisch Max!“

Rosi schüttelte den Kopf, widersprach aber nicht.

Als wir das Haus verließen, hatte ich mich so weit gefasst, dass ich wieder klar denken konnte. Alle von der Katzenbande mussten nach Ronald, Max und Persephone suchen. In ganz Kirchhausen.

Bevor ich aber Sternchen und Pip mit dieser Botschaft losschicken konnte, tauchte Max in der Gasse auf. Er kam keuchend dahergerannt und blieb atemlos vor uns stehen. Im Schein der Straßenlaterne glitzerten Nebeltröpfchen auf seinem Gesicht und im strubbeligen Haar.

„Max", rief Flori, „was ist geschehen? Wo ist Ronald?"

Max rang noch immer nach Atem. „Weggefahren!", stieß er hervor. „Im Auto. Mit Persephone."

Meine Kätzchen miezten entsetzt. Rosi schluckte und war dem Weinen nahe.

Bobby zischte Max an: „Du hast ihn wegfahren lassen! Raus aus Kirchhausen?"

Max fing zu grinsen an. Er grinste von Ohr zu Ohr. „Der kommt nicht weit. Hab Würfelzucker in den Tank getan."

Max schnaufte. „Ich hab Ronald beschattet, Flori. Die ganze Zeit ist er in Hannas Haus gewesen. Hab mich hinters Haus geschlichen und durchs Fenster geschaut. Er ist auf dem Sofa gelümmelt und hat sich nicht weggerührt. Im Garten hat sich der schwarze Streuner herumgetrieben. Sonst war nichts los. War richtig langweilig. Auf einmal ist aber Ronald aufgesprungen. Hat seinen Koffer geholt und eine Tasche. Hat das Silberbesteck hinein gestopft. Die ganze Lade hat er ausgeräumt."

„Hannas Silberbesteck!", rief Rosi.

„So ein mieser Kerl!", grollte Bobby.

„Und was war dann?", fragte Flori.

„Er ist aus dem Haus gelaufen. Ich ihm nach. War aber zu spät dran. Er muss sein Auto in der Seitengasse geparkt haben. Hab gehört, wie er startete und wegfuhr."

Max holte tief Atem. „Hab nicht gewusst, was ich tun soll. Da wollt ich zu dir gehen, Flori. Wie ich zu eurem Haus gekommen bin, ist das Auto davorgestanden. Die Haustür war offen. Drinnen hat eine Katze gekreischt. Ich hab den Würfelzucker in den Tank getan. Damit er mit dem Auto nicht abhauen kann. Gleich danach ist er herausgekommen. Mit der Persephone. Hat sie in den Kofferraum geschmissen. Auf einmal war der Streuner da. War wie der Blitz drinnen im Auto. Ronald hat's nicht einmal bemerkt. Er ist losgefahren. Ich bin hinterher gerannt. Bis der Motor zu tuckern angefangen hat."

„Max", sagte Bobby ungewohnt respektvoll, „das mit dem Würfelzucker war toll von dir. Einfach toll!"

„Wieso hast du ihn gehabt?", wollte Rosi wissen.

„Den hat mir deine Mama gegeben. Weil man sowas brauchen kann beim Beschatten. Wenn man selber kein Auto hat und der andere hat eines."

Rosi trat wortlos zu ihm, umarmte ihn und gab ihm einen Kuss.

Max wurde so verlegen, dass er fürchterliche Gesichter schnitt.

„Flori", fragte er fast ängstlich, „hab ich's recht gemacht?"

„Ja, das hast du!", antwortete Flori. „Besser hätte es niemand tun können. Auch ich nicht. Jetzt nehmen wir uns Ronald vor."

„Und retten Persephone!", miaute ich.

Wir eilten durch die Gassen, Schnoferl laut bellend voran. Die vereinzelten Fußgänger, die unterwegs waren, konnten sich bestimmt nicht erklären, was sie davon halten sollten.

Mit Zucker im Benzintank kam man nicht weit. Als wir die letzten Häuser von Kirchhausen erreichten, sahen wir Ronalds Auto am Straßenrand stehen, dort, wo die Landstraße nach Wien beginnt.

Wir liefen hin.

Ronald lehnte an der Kühlerhaube. Vor ihm kauerte Motzer, das Fell gesträubt und grollend zum Sprung bereit. Der Schwanz peitschte hin und her. Aus dem Kofferraum kam Persephones schrilles Miauen.

Flori klappte den Deckel auf.

Persephone schoss heraus. Jedes einzelne Haar im Fell hatte sich aufgerichtet, sie sah doppelt so groß aus wie sonst. Fauchend, zischend und spuckend fuhr sie mit ausgefahrenen Krallen auf Ronald los.

„Er hat mich umbringen wollen!“, kreischte sie. „Ertränken wollte er mich! Weil ich euer Haus verteidigt habe.“

Ronald wich zurück und hielt die Hände abwehrend vors Gesicht. „Helft mir!“, jammerte er. „Das ist keine Katze. Das ist ein Teufel.“

Persephone hielt im Sprung inne. Sie setzte sich, legte den Schwanz um die Vorderpfoten, schon wieder ganz vornehme Katze.

„Du hast – unser – Haus verteidigt?“, miaute ich.

„Irgendwer musste es tun! War ja sonst niemand da.“ Sie strich mit der Pfote über die Schnurrhaare.

„Ihr seid ja alle fortgewesen.“

Da konnte ich nicht anders, ich gab Persephone einen Nasenkuss. „Unser Haus ist auch dein Haus!“, schnurrte ich.

Schnoferl knurrte Ronald drohend an.

Ronald sah erbärmlich aus. Seine Augen waren von der Katzenallergie rot verschwollen. Gesicht und Hände waren zerkratzt und blutig. Ein Rockärmel war zerfetzt.

Katzenkrallen sind messerscharf. Das hätte er wissen müssen, bevor er sich mit Persephone einließ.

„Herr Ronager“, sagte Flori, „im Tank ist Zucker. Auf der Tankstelle wird man Ihnen helfen. Und dann verlassen Sie Kirchhausen. Noch heute Abend. Bevor Ihre Großtante vom Goldenen Hirschen heimkommt. Sie wird einen Brief von Ihnen finden, in dem Sie ihr mitteilen, dass Sie unerwartet und dringend zurück nach Wien fahren mussten.“

Ronald schien sich wieder gefasst zu haben. Er richtete sich auf und schaute Flori herausfordernd an.

„Warum soll ich das tun? Von Ihnen lasse ich mir nichts befehlen. Wer sind Sie schon? Bloß ein mickriger Detektiv in einer mickrigen Kleinstadt!“

Flori lächelte. „Weil ich Sie sonst anzeigen müsste“, sagte er sanft. „Wegen Hausfriedensbruch, Tierquälerei und Diebstahl. Um Ihrer Großtante willen bin ich bereit, darauf zu verzichten. Hanna ist in Kirchhausen beliebt. Sie darf nie erfahren, warum Sie zu ihr gekommen sind. Mein Kollege in Wien hat mir mitgeteilt, dass Sie Wettschulden haben. Darum wollten Sie das Püppchen stehlen. Weil es vielleicht ein wertvoller Fund ist. Das könnte ich Ihnen nachsehen. Nicht aber, dass Sie Ihre Großtante bestohlen haben. Sie werden das Silberbesteck, Stück für Stück, zurück in die Lade legen. Wenn nur ein Löffel fehlt, wird es ein Fall für die Polizei. Das ist alles. Und nun verschwinden Sie!“

Ich huschte zu Motzer. „Angela ist Connie“, mauzte ich. „Die Tochter von Taddäus!“

Motzers Fell glättete sich. Dann verschwand er lautlos, wie es seine Art war, in der beginnenden Dämmerung.

Wir ließen Ronald bei seinem Auto stehen und gingen nach Kirchhausen zurück. Rosi und Bobby hatten Max in die Mitte genommen. Meine Kätzchen trippelten neben Persephone.

Flori und wir von der Katzenbande hatten den Fall der verschwundenen Venus gelöst.

16.

Zweimal wird gefeiert!

Auf dem Marktplatz verließen uns Rosi, Bobby und Max. Wir konnten uns kaum voneinander trennen, aber es war an der Zeit, dass sie heimgingen. Damit ihre Eltern sich nicht Sorgen um sie machten.

Inzwischen waren die Großtanten und der Großonkel ins Morgensternhaus heimgekehrt und standen ratlos und verstört inmitten der Verwüstung. So ein Hausfriedensbruch war im friedlichen Kirchhausen noch nie vorgekommen.

Ich miaute beruhigend. Flori versuchte so schnell wie möglich alles aufzuklären. Es brauchte aber einige Zeit, bis die Großtanten und der Großonkel begriffen, was geschehen war.

Großonkel Theo sagte, die Fliegende Maus Josefine hätte von Anfang an gewusst, dass Flori diesen Fall wie immer zur allgemeinen Zufriedenheit lösen würde. Großtante Amelie weinte vor Rührung. Großtante Annabel sagte, sie freue sich mit Taddäus, aber Cornelia Melzer hätte uns all die Aufregung ersparen können, hätte sie rechtzeitig eingestanden, wer sie ist.

„Dann wäre aber Hanna diesen Großneffen nicht los geworden", stellte Großtante Amelie fest.

Meine Kätzchen, Persephone und ich miauten zustimmend.

Das Zimmer war mit vereinten Kräften bald aufgeräumt. Dann wurde im Morgensternhaus das glückliche Ende der verschwundenen Venus gefeiert.

Wir Katzen bekamen süße Katzenmilch und dazu noch allerlei Leckerbissen. Persephone erhielt eine Extraportion. Das habe sie, sagte Großtante Amelie, nach dem überstandenen Schreck verdient.

Flori holte eine Flasche Wein aus dem Keller.

Draußen war es finster geworden. In den schwarz gewordenen Fensterscheiben spiegelte sich das Licht der Lampe. Wir Katzen lagen aneinander gekuschelt auf dem Sofa.

Großonkel Theo saß vor sich hinlächelnd im Rollstuhl und tätschelte das unsichtbare Etwas auf seiner Schulter.

Großtante Amelie erklärte immer wieder, im wirklichen Leben sei alles noch viel aufregender als in ihren Krimis.

Großtante Annabel trank drei Gläser hintereinander und verlor jede Würde. Sie sprang auf und ließ uns der Reihe nach hochleben. Sogar Josefine, der Fliegenden Maus, prostete sie zu. Dann kippte sie ein viertes Glas in einem Zug hinunter. Als die Feier zu Ende war und alle schlafen gingen, war sie so unsicher auf den Beinen, dass Flori sie stützen musste.

Um Mitternacht verließen wir Katzen das Haus.

Wie immer, wenn ein Fall gelöst war, trafen sich die Mitglieder der Katzenbande auf dem Marktplatz. Als wir ankamen, waren alle schon da. Motzer saß zwischen Lilly und Goldie auf der Friedhofmauer. Persephone und ich ließen uns auf dem Brunnenrand nieder.

Ohne Zweifel war Persephone der Star dieser nächtlichen Feier. Sie nahm die Glückwünsche gelassen entgegen, wie es sich für eine Katze mit Stammbaum geziemt.

Die Bande tollte ausgelassen herum. Sonst ging es immer sehr laut zu, mit schrillem Miauen, Gemaunze, Fauchen und Quietschen. Diesmal war höchstens ein leises Miau zu vernehmen.

Die Fenster im Museum waren dunkel. Wir wollten Taddäus nicht stören, wollten ihn friedlich schlafen lassen in dieser ersten Nacht, nachdem er seine Tochter wiedergefunden hatte.

17.

Ende gut, alles gut!

Am nächsten Morgen, gleich nach dem Frühstück, kamen Taddäus und Cornelia zu uns.

Wir saßen in Floris Arbeitszimmer beisammen und Cornelia erzählte uns ihre Geschichte. Sie hatte sich immer gewünscht zu wissen, wer ihr Vater sei. Ihre Mutter hatte nie darüber reden wollen. Nach ihrem Tod – es war ein Unfall gewesen – hatte Cornelia die Wohnung durchsucht, aber nichts gefunden, keinen Hinweis, kein Foto. Sie wollte schon aufgeben, als sie unter einem Stoß alter Briefe eine vergilbte Fotografie von Kirchhausen fand. Im Internet hatte sie dann entdeckt, dass es in Kirchhausen ein Heimatmuseum gab. Ein Museum, das jemand mit dem Namen Melzer betreute.

Deshalb war sie nach Kirchhausen gekommen.

Schon bei ihrem ersten Besuch im Heimatmuseum war sie sicher gewesen, dass Taddäus ihr Vater sei. So klein sie damals gewesen war, an das Püppchen erinnerte sie sich.

Cornelia sagte, mehr zu sich selber als zu uns: „Es war so seltsam, einen Vater zu haben. Wenn man nie einen gehabt hat. Ich brachte es nicht über mich, ihm zu sagen, wer ich war. Und hätte ich geahnt, was ihm das Püppchen bedeutet, ich hätte kein Wort darüber verloren, dass es ein archäologischer Fund sein könnte. Als ich das begriff, war es zu spät."

Sie strich sich eine Haarsträhne aus dem Gesicht mit jener Geste, die Flori verraten hatte, dass sie Taddäus' Tochter war.

„Gestern im Park", fuhr sie fort, „bin ich ihm nachgegangen. Und als er unter dem Baum saß, das Püppchen in der Hand, und als Sie, Herr Morgenstern, meinen Namen nannten, da war auf einmal alles ganz selbstverständlich. Ich hatte mir immer gewünscht einen Vater zu haben und nun hatte ich einen."

Taddäus nahm ihre Hand und drückte sie wortlos.

„Flori", sagte er dann, „jetzt können sie kommen, die Herren aus Wien. Ich vergönn ihnen das Püppchen."

„Wer weiß", sagte Flori, „vielleicht hast du dann beides, das Püppchen und eine Tochter."

„Das meint Josefine auch", erklärte Großonkel Theo.

Als Cornelia und Taddäus sich verabschiedeten, begleiteten wir sie bis zur Haustür und sahen ihnen nach, wie sie, endlich vereint, durch die Gasse zum Marktplatz gingen. Der leichte Morgennebel hatte sich aufgelöst, die Sonne schien durch den Dunst und versprach einen schönen Tag.

Flori hob mich auf und strich mit der Hand über mein Fell.

„Molly", sagte er, „wir haben den Fall gelöst. Und was für ein glückliches Ende!"

An diesem Tag klingelte die Ladentür der Bäckerei Huber so oft, dass Mohn- und Nusskipferl und was es sonst noch gab, bald ausverkauft waren. In ganz Kirchhausen sprach sich die wunderbare Neuigkeit im Nu herum. Alle wollten darüber reden und sich vergewissern, ob es auch wahr sei.

Goldie berichtete uns von den vielen Besuchern, die ins Heimatmuseum kamen, um Taddäus zu gratulieren.

Was wirklich geschehen war, wussten außer Taddäus und Connie nur wir aus dem Morgensternhaus, die Katzenbande und Rosi, Bobby und Max.

Flori bestand darauf, dass es noch andere gab, die ein Recht hatten, es zu erfahren – Rosis Eltern, Bobbys Eltern und Ivo und Ida.

Rosi und Bobby beteuerten immer wieder, es sei Max zu verdanken, dass Ronald nicht mit Hannas Silberbesteck flüchten hatte können und dass Persephone vor dem Ertränken gerettet worden war.

Ronalds überstürzte Abreise ging in all der glücklichen Aufregung unter. Nur Ilse, die Baumeistersgattin, bedauerte es sehr. So ein begabter junger Mann, sagte sie, wäre ein Gewinn für Kirchhausen gewesen.

Wir Katzen bedauerten Ronalds Verschwinden nicht. Mama Mau und Hanna konnten endlich ungestört von einem Katzenallergiker friedlich auf dem Sofa schlafen.

Ein paar Tage später kamen die Herren aus Wien, reisten aber gleich wieder ab. Connies Püppchen sei, wie die Fachleute erklärten, kein archäologischer Fund, nur eine geschickte Nachahmung.

Die Großtanten und der Großonkel wunderten sich nicht. Weil allgemein bekannt war, dass der Großvater von Taddäus geschickte Hände gehabt hatte und ein Spaßvogel gewesen war.

Die Enttäuschung in Kirchhausen war groß. Rosis Eltern, Herr und Frau Altmann und der Pfarrer waren jedoch der Meinung, so ein Fund sei nur eine kurzlebige Sensation und Kirchhausen als Fundort würde bald vergessen sein. Viel schöner sei es – fast ein Wunder –, dass Taddäus nach so vielen Jahren die verlorene Tochter wiedergefunden habe.

Die Kirchhausner trösteten sich damit. Das Heimatmuseum wurde ein beliebter Treffpunkt. Und Connies Püppchen blieb für die Kirchhausner – die Venus von Hautzendorf.

Am nächsten Sonntag war ein ungewöhnlich milder Herbsttag. Wir vom Morgensternhaus gingen in den Park. Die Sonne schien vom wolkenlosen Himmel, ließ das bunte Laub aufleuchten.

Wir setzten uns auf eine der Bänke. Vögel zwitscherten im Gebüsch und in den Bäumen. Auf dem Teich hatte sich ein Entenpaar niedergelassen und schnatterte leise.

Taddäus und Connie kamen mit Rosi, Bobby und Max dahergeschlendert. Schnoferl umkreiste sie schweifwedelnd. Mimi trippelte ihnen nach.

Plötzlich hob Sternchen den Kopf und starrte wie gebannt hoch.

„Es ist nur Josefine!“, sagte Großonkel Theo. „Sie tanzt und freut sich mit uns.“

Mir war, als sähe ich ein Flirren wie von durchsichtigen Flügeln. Das konnte aber nicht sein, es war wohl das Sonnenlicht, das mich täuschte.

Ich leckte Persephone, die nun zu uns gehörte.

Alles war gut und hätte nicht besser sein können.

KATZENBANDE

Du hast jetzt das ganze Buch gelesen und kannst sicher diese 12 Fragen beantworten.
Setze die Antworten in die richtigen Zeilen des Kreuzworträtsels ein.

LESERÄTSEL

1. Wie heißt die Marktgemeinde, in der Flori wohnt?
2. Welchen Beruf hat Flori?
3. Wie ist Angelas richtiger Name?
4. Josefine ist eine … (*2 Wörter*)
5. Wo trifft sich in der Nacht die Katzenbande?

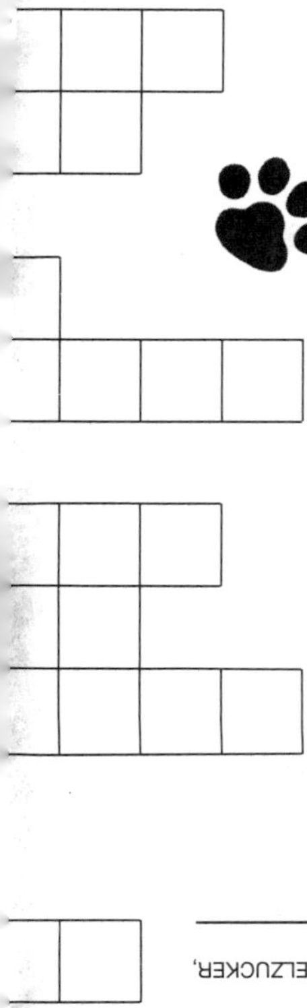

6. Ein Püppchen erinnert Taddäus an seine …
7. Welcher Kater ist ein Streuner?
8. Was hat Max in Ronalds Tank getan?
9. Wen hat Ronald entführt?
10. Wie heißt Floris Großonkel?
11. Angela ist eigentlich die Tochter von …
12. Wer ist die Mutter von Sternchen und Pieps?

Im senkrechten grauen Balken steht das Lösungswort:
Der Ort, aus dem die Venus von Hautzendorf verschwunden ist …

Lösungswörter: 1. KIRCHHAUSEN, 2. DETEKTIV, 3. CORNELIA, 4. FLIEGENDE MAUS, 5. STADTPARK, 6. TOCHTER, 7. MOTZER, 8. WÜRFELZUCKER, 9. PERSEPHONE, 10. THEO, 11. TADDÄUS, 12. MOLLY

Käthe Recheis

wurde 1928 in Engelhartszell (OÖ) geboren, 2015 gestorben. Seit 1961 war sie freie Schriftstellerin.
Ein besonderer Schwerpunkt ihrer literarischen Arbeit lag im Einsatz für bedrohte Indianervölker, der ihr mit dem indianischen Namen „Molse Mawa" bedankt wurde.
Ihre realistischen und phantastischen Kinderbücher und Jugendromane zeichnen sich durch feinen Humor und eine einfühlsame Sprache aus. Sie wurden in viele Sprachen übersetzt und mit zahlreichen Preisen ausgezeichnet, u.a.: Österr. Würdigungspreis für Kinder- und Jugendliteratur für das Gesamtwerk, Kathol. Kinderbuchpreis der Dt. Bischofskonferenz, Großer Preis der Dt. Akademie für Kinder- und Jugendliteratur, Volkach, Adalbert Stifter Preis, Österr. Ehrenkreuz für Wissenschaft und Kunst.

Bei Obelisk erschienen sind:
Ein Fall für die Katzenbande, Noch ein Fall für die Katzenbande, Der kleine Biber und seine Freunde, Bruder der Bären, Der Kater mit den goldenen Pfoten, Der kleine Schäferhund, Die kleine Schwester und das Ungeheuer, Die Tschittiwiggl und der große Mock, Kinny-Kinny und der Steinriese, Nonni-Bär und Ninni-Bär, Zwei kleine Bären, Lisa und die Katze ohne Namen, Sechs Eulen und sechs Mäuse, Kleines Monster Schnibulum